Gunzelin Schmid Noerr   **Geschichte der Ethik**

Für Platon waren Politik und Ethik kaum zu trennen –
eine uns heute absurd erscheinende Vorstellung.
Verbunden waren sie durch das ethische Prinzip der
Gerechtigkeit, wobei Gerechtigkeit sowohl eine persönliche Haltung wie auch eine gesetzliche Regelung
beschrieb. Aristoteles ging es dann in seiner Ethik um
die vollkommene Form des menschlichen Lebens, die
er mit dem Glück gleichsetzte. Ein paar Jahrhunderte
später wählte Augustinus einen ganz anderen Ansatz:
Er fragte, was das Böse ist und woher es stammt.
Hier wird schon deutlich, welch bahnbrechende und
weitreichende Entwicklungen Gunzelin Schmid
Noerr beschreibt: Beginnend in der griechischen
Antike zeichnet er die wesentlichen Linien der
Geschichte der Ethik nach, wobei er unter anderem
auf Augustinus, Hobbes, Locke, Kant, Schopenhauer,
Marx, Nietzsche und Freud eingeht. Abschließend
fragt er nach Ethik unter den Bedingungen der
Globalisierung.

Gunzelin Schmid Noerr, geboren 1947, ist Professor
für Sozialphilosophie und Sozialethik an der Hoch-
schule Niederrhein.

Grundwissen Philosophie

Geschichte der Ethik

von

Gunzelin Schmid Noerr

RECLAM
LEIPZIG

© Reclam Verlag Leipzig, 2006
Reclam Bibliothek Leipzig, Band 20304
1. Auflage, 2006
Reihengestaltung Grundwissen Philosophie:
Gabriele Burde
Foto auf der Umschlagrückseite © privat
Gesetzt aus ITC Slimbach
Satz: Steffi Glauche, Leipzig
Druck und Bindung: Reclam, Ditzingen
Printed in Germany
ISBN-13: 978-3-379-20304-3
ISBN-10: 3-379-20304-1

www.reclam.de

Inhaltsverzeichnis

Moral und Ethik

»Euathlos wurde von Protagoras zum Anwalt ausgebildet. Man traf eine großzügige Vereinbarung, nach der Euathlos erst dann und nur dann für sein Studium bezahlen muss, wenn er seinen ersten Fall gewinnt. Zum Ärger von Protagoras, der viel Zeit für die Ausbildung seines Schülers aufgewendet hatte, entscheidet sich dieser jedoch, Musiker zu werden und die Robe an den Nagel zu hängen. Protagoras verlangt daraufhin, dass Euathlos ihn für seine Ausbildung bezahlt. Euathlos aber weigert sich, und so geht Protagoras vor Gericht. So wie Protagoras die Dinge sieht, muss Euathlos, wenn er den Prozess verliert, seine Schulden an ihn zurückzahlen. Aber auch wenn Euathlos gewinnt, muss er bezahlen, da er ja dann seinen ersten Prozess gewonnen hat. Euathlos sieht die Sache etwas anders. Wenn ich verliere, so denkt er, habe ich meinen ersten Prozess verloren und muss, wie der Vertrag es vorsieht, keinen Cent bezahlen. Wenn ich jedoch gewinne, darf Protagoras nicht mehr auf dem Vertrag beharren, so dass ich ebenfalls nicht zahlen muss.«[1]

Armer Richter! Wenn beide Argumentationsweisen in sich logisch schlüssig sind, dann kann es in diesem Prozess kein gerechtes Urteil geben. Die antiken griechischen Philosophen, von denen diese logische Paradoxie überliefert ist, liebten solche gedanklichen Verwirrspiele, bei denen es keinen Ausweg zu geben scheint. Aber angesichts dieser Abgründe der Logik sollte man nicht übersehen, dass sich dahinter neben rechtlichen Fragen auch moralische Probleme verbergen. Dies wird deutlich, wenn man sich den Fall nicht als logisches Gedankenspiel, sondern als reale Auseinandersetzung vorstellt.
Dann würden die Beteiligten nämlich Fragen wie diese stellen beziehungsweise beantworten müssen: Wie ernst war die Absicht des Euathlos, den Beruf des Anwalts zu ergreifen?

Zu welchem Zeitpunkt hat er sich entschlossen, diese Absicht fallen zu lassen? Hat er seinen Lehrer längere Zeit über seine neue Absicht im Unklaren gelassen oder getäuscht? Hat Protagoras bei Euathlos falsche Erwartungen geweckt? Was verstanden beide ursprünglich unter Euathlos' »erstem Fall«, und ist dieses Verständnis Bestandteil der Absprache oder nicht? Welche Absicht verfolgte der Lehrer mit dem Arrangement des Erfolgshonorars? Wenn seine Kunst darin besteht, den nächstbesten Fall ganz unabhängig davon zu gewinnen, worum es inhaltlich geht, ist dann nicht diese Kunst selbst moralisch fragwürdig? Geschieht ihm dann vielleicht Recht, wenn er sein Honorar nicht bekommt?

Beim *juristischen* Streitfall und der richterlichen Entscheidung kommt es darauf an, was bewiesen wird oder was zumindest als plausibel angenommen werden kann und unter welche Gesetze die so rekonstruierten Vorgänge fallen. Die *moralische* Frage bezieht sich dagegen darauf, was wir von unseren Mitmenschen oder was diese von uns berechtigterweise erwarten können. Und es geht auch darum, was wir selbst von uns erwarten, wie wir uns selbst sehen, wie wir leben wollen. Das Recht stellt also ein *äußeres Gebot* dar, das im Zweifelsfall, wenn auch nicht immer erfolgreich, durch Polizei und Gerichte durchgesetzt werden kann. Demgegenüber wirkt das Moralische, wenn es denn wirkt, als *innere Orientierung*. Im Konfliktfall erscheint es als *inneres Gebot*, das nicht mit äußeren Zwangsmitteln durchgesetzt wird, sondern sich als Stimme des Gewissens Gehör zu schaffen versucht. Obwohl das Moralische bisweilen als von außen an uns herangetragene Pflicht erscheint, wird die Erfüllung dieser Pflicht nur dann als eigentlich moralisch angesehen, wenn sie freiwillig erfolgt und gefühlsmäßig bejaht wird. Wir sollen das, was wir sollen, auch wollen.

Moralische Bewertungen fließen in die alltäglichen Auseinandersetzungen oft unbemerkt ein. Sie kommen in begrenzten Feststellungen (»Du kannst nicht eine Arbeit in Rechnung stellen, die du nicht geleistet hast«), eher selten auch als moralische Regeln begrenzter Reichweite (»Betrug ist nicht erlaubt«) zu Wort. Wird dagegen über Gut und Böse, richtiges und falsches Handeln grundsätzlicher nachgedacht und versucht man, moralische Annahmen ausdrücklich festzuschreiben, dann geht man – der diesem Buch zugrunde liegenden Definition zufolge – von der *Moral* zur *Ethik* über. Ethik ist eine Form der Kommunikation, in der Lebensverhältnisse hinsichtlich der in ihnen enthaltenen Chancen, Beeinträchtigungen und Verpflichtungen verglichen und bewertet werden. Ethische Prinzipien tauchen auch schon im Alltag auf, insbesondere in Form der so genannten goldenen Regel (»Was du nicht willst, dass man dir tu, das füg auch keinem andern zu«), aber auch in Form von Standesregeln und berufsethischen Kodizes. Ethiktheorien versuchen, moralische Normen und Werte mit Gründen und Prinzipien abzustützen oder problematische Ansichten darüber zu widerlegen. Während also Moral eine individuelle und gesellschaftliche *Praxis* darstellt, ist Ethik eine *Theorie* dieser Praxis.

Dementsprechend wird in diesem Buch unter »Ethik« in Übereinstimmung mit dem heute vorherrschenden Sprachgebrauch die *Philosophie der Moral* verstanden, wobei »Moral« nicht nur den engeren Bereich des unbedingten Sollens, sondern auch den weiteren des Strebens nach einem gelingenden Leben umfasst. Die Ethik als philosophische Disziplin befasst sich analysierend und wertend mit den moralischen Normen und Werten des menschlichen Handelns, vor allem mit ihren Begründungen, ihren Prinzipien und ihren Anwendungen.

Es gibt allerdings auch andere Bestimmungen der Ausdrücke »Ethik« und »Moral«. Dies kann, wenn man die Unterschiede übersieht, durchaus zu Verwirrungen führen. Einige Philosophen verwenden beide Ausdrücke gleichbedeutend – dies entspricht überwiegend dem alltäglichen Sprachgebrauch. Andere machen sich den sprachlichen Unterschied inhaltlich zunutze. Beispielsweise wird »Ethik« manchmal (in Anlehnung an die vorherrschende Thematik der antiken Ethik) als

Lehre vom wesensgemäß gelungenen Leben verstanden, während »Moralphilosophie« (in Anlehnung an die vorherrschende Thematik der modernen Ethik) die Lehre von der Gerechtigkeit im Interessenausgleich bezeichnet. Oder »Moral« beschreibt das in einer Gesellschaft üblicherweise Gesollte, während »Ethik« den moralischen Reflexions- und Entscheidungsprozess meint, mit dem Individuen sich auch gegen eine herrschende Moral abgrenzen können (für diese Gegenüberstellung werden auch die Begriffe »Sittlichkeit« und »Moralität« verwendet). Oder gerade umgekehrt wird unter »Ethik« der Bereich der konkreten kulturellen Orientierung und individuellen Entscheidung verstanden, während »Moral« sich auf grundsätzliche Fragen der Legitimität der Handlungsorientierungen bezieht.

Solche Unterscheidungen setzen aber immer schon bestimmte inhaltlich-theoretische Festlegungen voraus. Eine Geschichte der Ethik, die es mit einer Zeitspanne von zweieinhalbtausend Jahren und entsprechend unterschiedlichen Kulturen, Individuen und Theorien zu tun hat, verwendet dagegen sinnvollerweise einen Ethikbegriff, der möglichst wenig inhaltlich vorbestimmt ist, um sich den Blick auf die jeweils dargestellte Ethiktheorie nicht durch vorgefasste Kategorien zu verstellen.

»Ethik« in der allgemeinen Bedeutung von »Moralphilosophie« entspricht auch der geschichtlichen Herkunft dieser Begriffe selbst. Als philosophische Disziplin wurde die Ethik innerhalb des abendländischen Denkens zum ersten Mal von Aristoteles (ca. 384–322 v. Chr.) abgegrenzt und benannt, wobei er Sokrates (ca. 469–399 v. Chr.) als denjenigen bezeichnete, der sich als Erster (im Unterschied zu den vorsokratischen Naturphilosophen) mit dem Wesen des »Ethischen« (*tà ethiká*) beschäftigt habe. Aristoteles verwendete das Adjektiv »ethisch« (*ethikós*) entweder im Zusammenhang mit einem Substantiv (er sprach von ethischer Tüchtigkeit, ethischer Abhandlung) oder auch als substantiviertes Adjektiv (das Ethische). Schon Sokrates und Platon (ca. 427–347 v. Chr.) bevorzugten diese Sprachform (»das Fromme«, »das Schöne«, »das Gerechte«), um den Blick auf das *Wesen* der Sache zu lenken und von allen zufälligen Besonderheiten zu abstrahieren. Das Adjektiv »ethisch« gehört sprachlich zum Substantiv »Ethos«, das im Griechischen zunächst die Grundbedeutung der Wohnstätte und, davon abgeleitet, zwei weitere Bedeutungen hatte: Gewohnheit/Sitte/Brauch und Charakter/Tugend. Unter »Ethos« wird seither die (einigermaßen verlässliche) Regelung von Grundverhaltensweisen der Menschen zueinander und zu ihrer Umwelt verstanden. Durch das Ethos als Lebensform werden die wechselseitigen Verhaltenserwartungen zu relativ dauerhaften Einstellungen geformt.

Eine Geschichte der Ethik kann angesichts des begrenzten Umfangs – dies ist fast überflüssig zu sagen – keineswegs beanspruchen, auch nur alle »klassischen« Autoren zu behandeln, ja sie kann nicht einmal die ethischen Ansichten der jeweils behandelten Autoren im Ganzen wiedergeben. Während die meisten Ethikgeschichten einen (dann doch allzu knappen) Überblick über die jeweiligen Ansätze geben, verfolgt das vorliegende Buch vor allem den Zweck der Einführung. Sich in philosophisches Denken einführen zu lassen heißt aber weniger, Denkresultate zur Kenntnis zu nehmen, als sich mit ausgewählten Gedanken und Argumentationsweisen auseinander zu setzen. Deshalb habe ich mich für ein exemplarisches Verfahren entschieden. Das heißt, aus der Fülle der Ethiktheorien wurden einige Gedanken herausgegriffen, die als charakteristisch für den jeweiligen Autor und seine Epoche gelten können und über ihre Zeit hinaus bis heute gewirkt haben. Die Kriterien dieser Auswahl sind nicht allein objektiv zu rechtfertigen, ein subjektiver Anteil daran ist unleugbar, aber, wie ich hoffe, auch nicht nachteilig. Die Verweise auf den jeweiligen geschichtlichen Kontext, in dem ein ethischer Ansatz zu verorten ist, mussten aus Umfangsgründen auf ein Minimum reduziert werden. Auch habe ich mich auf das abendländische ethische Denken beschränkt.

Außereuropäische Ethiken vom Kodex des Hammurabi bis zu Gandhis Satyagraha-Lehre mussten ganz außer Betracht bleiben. Schließlich endet die vorliegende Geschichte der Ethik auf vielleicht etwas willkürlich anmutende Weise in der Mitte des 20. Jahrhunderts. Versteht man jedoch unter »Geschichte« das Vergangene, dann kann man das, was seither die moralphilosophischen Diskussionen bestimmt, zur »Gegenwart« der Ethik zählen.

Willkürlich, wenn auch unvermeidlich, ist ein solcher Einschnitt allerdings auch insofern, als sich Geschichte und Gegenwart in der Philosophie anders zueinander verhalten als in den Wissenschaften. Philosophische Fragen, zumal die der Ethik, erledigen sich zumeist nicht ein für alle Mal, es gibt hier, ähnlich wie im Bereich des Ästhetischen, keinen geradlinigen Fortschritt, vielmehr eine erstaunliche Kontinuität der Diskussion. Im geschichtlichen Abstand erscheint zwar auch manches zeitgebunden und überholt, anderes aber aktuell wie je. Auch das Vergessen und die Rückschritte hinter einmal Erreichtes gehören zur Geschichte der Ethik. Die in der Wissenschaftsgeschichte übliche Differenzierung in gesicherte Erkenntnis und historische Irrtümer wäre im Fall der Ethik selbst ein Irrtum. Die strikte Entgegensetzung von geschichtlichen und systematischen Fragen ist in der Philosophie unangemessen. Vielmehr sind beide Aspekte untrennbar. Philosophiegeschichtliche Darstellungen müssen sowohl die Voraussetzungen und Motive der dargestellten geschichtlichen Personen wie auch die philosophischen Fragen der Gegenwart im Auge behalten. Philosophie ohne Philosophiegeschichte verliert den breiten Horizont ihrer Fragemöglichkeiten aus dem Blick, während Philosophiegeschichte ohne Philosophie steril bleibt.

Das bedeutet, dass Philosophiegeschichte auch von der systematischen Erörterung des jeweils Dargestellten lebt. Philosophie war und ist eine vielstimmige Diskussion über Orte und Zeiten hinweg, und dazu gehören unabdingbar das Kommentieren, Auslegen, Kritisieren. Indessen musste ich auch diesen notwendigen Anteil im Rahmen einer knappen *Einführung* in die Geschichte der Ethik stark beschränken. Im Vordergrund steht neben zeitgenössischer oder späterer Kritik der dargestellten Ansätze ihr bis heute wirksames Anregungspotenzial.

Von Sophokles zu Aristoteles –
Tragödie und Ethik

Eine junge Frau trauert um ihre beiden Brüder, die im Kampf getötet wurden. Das ist ein Unglück, aber nichts Außergewöhnliches in einer Zeit, in der Kämpfe und Kriege an der Tagesordnung sind. Was diesen Fall zu einem besonderen macht, sind seine familiären, rechtlichen und moralischen Umstände. Die beiden Brüder haben sich nämlich gegenseitig im Zweikampf erschlagen, der eine als Herrscher, der seine Stadt gegen ein angreifendes Heer verteidigte, der andere als Anführer dieses Heeres, der mit seinem Feldzug seinen vermeintlich rechtmäßigen Herrschaftsanspruch über die Stadt erzwingen wollte. Nach dem Tod ihres Anführers waren die Angreifer abgezogen. Inzwischen hatte nach den Regeln der Erbfolge der Onkel der getöteten Brüder die Regentschaft übernommen. Als erste Amtshandlung ließ der neue König den Leichnam des Verteidigers der Stadt ehrenvoll begraben. Zugleich verhängte er ein Verbot, den Leichnam des Angreifers zu bestatten, weil dieser sich des Landesverrats schuldig gemacht hatte. Der Leichnam sollte, als Ausdruck der höchsten Strafe über den Tod hinaus, auf freiem Feld verwesen. Die Schwester der beiden getöteten Brüder beschließt nun allerdings, sich trotz drohender Todesstrafe nicht an den königlichen Erlass zu halten und den geächteten Bruder zu begraben.

Dies ist die unmittelbare Vorgeschichte zur Handlung der *Antigone*, der Tragödie des Sophokles (ca. 496–406 v. Chr.), die in Athen im Jahre 442 oder 441 v. Chr. aufgeführt wurde. Die Handlung ist eine höchst kunstvolle, freie Verarbeitung von Elementen der mythischen Überlieferung unterschiedlicher Herkunft. Sie stellt das Ende der mehrere Generationen umfassenden, fluchbeladenen Geschichte eines Herrschergeschlechts dar, einer Geschichte, die von Verblendung, (Selbst-)Zerstörung und Leiden gezeichnet ist. Die Tragödie zeigt, wie die Vergangenheit gleichsam zeitlos in der Gegenwart wiederkehrt. Der von Sophokles auf die Bühne gebrachte tragische Konflikt zwischen Kreon, dem neuen König der Stadt Theben, und seiner Nichte Antigone entzündet sich an unterschiedlichen rechtlich-moralischen Deutungen. Kreon folgt dem Brauch, dem Hochverräter die Bestattung in heimatlicher Erde zu versagen, verletzt aber mit seinem absoluten Bestattungsverbot, das er zum Prüfstein für die Akzeptanz seiner Herrschaft macht, die religiöse Vorschrift, die eine Bestattung wenigstens außerhalb der Stadtgrenzen geboten hätte. Antigone entspricht in ihrem Handeln der religiös-familiären Pflicht, widersetzt sich aber dem königlichen Verbot und stellt sich darüber hinaus – was allen gesellschaftlichen Erwartungen der damaligen Zeit widerspricht – als Individuum außerhalb der Gemeinschaft, als Frau gegen den Mann und als junger Mensch gegen den alten. Antigone handelt im vollen Bewusstsein ihres »frommen Frevels«[1], das heißt des moralisch motivierten Rechtsbruchs, offen provokativ. Sie wird verhaftet und von ihrem Onkel zum Tode verurteilt. Ihr Verlobter, Kreons eigener Sohn, setzt sich bei diesem vergeblich für sie ein. Sie erhängt sich, und Kreons Sohn folgt ihr verzweifelt in den Tod. Als Kreons Gattin davon erfährt, bringt sie sich ebenfalls um. Kreon bleibt klagend zurück.

Kreon vertritt mit seinem Starrsinn die patriarchalische Staatsräson, aufgrund deren das politische Verbrechen ohne Ansehen der Person, aber auch mit überzogener Härte geahndet wird. Dagegen verkörpert Antigone das Gesetz der Familiensolidarität, darüber hinaus die Idee eines Verzeihens, das auf Bestrafung verzichtet, einer Liebe, die den Hass überwindet, eines Staates, in dem das politische Handeln nicht gegen allgemein menschliche, zivilisatorische Gebote verstoßen darf. Die gegensätzlichen Standpunkte werden in der Tragödie Schritt für Schritt argumentativ entwickelt, wobei jeder Überzeugungs- und Versöhnungsversuch im Streit endet und umso tiefer ins Verhängnis führt. Am Ende freilich erweist sich Antigones Auffassung als die richtigere. In der dramatischen Aufklärung über Verblendung und Starrsinn, Moral und Gesetz ist die *Antigone*, exemplarisch für die griechische Tragödie des 5. Jahrhunderts, gleichsam eine ethische Veranstaltung. Als Antigone ihre Schwester um Hilfe für ihr Vorhaben bittet, bemerkt sie: »Bald wirst du zeigen können, / ob du wohlgeboren bist oder bei edler Abstammung schlecht.«[2] Und auch für Kreon entscheidet nicht die Abstammung über Bestrafung oder Nachsicht, sondern allein die Befolgung oder Missachtung seines Befehls. Aber während sein Befehl seine äußere Machtausübung befestigen soll, folgt Antigone dem inneren Befehl ihres Gewissens.

Ihren Ausgang nimmt die *Antigone* – und das gilt für die antike Tragödie überhaupt – bei der Beschränktheit des menschlichen Blicks, dem Irrtum, dem Hochmut gegenüber den Göttern. In den Lebensläufen der todesmutigen Helden, die in den Tragödien besungen wurden, drückte sich das Ausgeliefertsein des Menschen an das unausweichliche Schicksal aus. So werden die menschlichen Entscheidungen in ihrer unheilvollen Verstrickung von widerstreitenden Leidenschaften und sittlichen Mächten vorgeführt und damit stellvertretend für die Zuschauer erfahrbar gemacht. Aristoteles hat dann später, im 4. Jahrhundert, für diese mögliche Wirkung der Tragödie den medizinischen Begriff der »Katharsis« (Reinigung) verwendet. Der Zweck der Tragödie ist es demnach, bei den Zuschauern durch die Erregung von Jammer und Schauder beziehungsweise Schrecken und Rührung eine Läuterung der Leidenschaften und Befreiung von den Leidenschaften herbeizuführen.

Die Kunstform der Tragödie entstand in Athen zu Beginn des 5. Jahrhunderts, und zwar im Zusammenhang mit den etwa zwei Generationen zuvor eingeführten glanzvollen Festen zu Ehren des Gottes Dionysos, die aus sehr viel älteren ländlichen Kulten hervorgegangen waren. Dionysos war ein Gott der Erde, der Fruchtbarkeit und des Rausches. Jährlich wurden in der Stadt an mehreren Tage burleske Umzüge veranstaltet, bei denen die Festgemeinde sich durch Verkleidung, Masken, Tanz und Wechselgesang mit einem Vorsänger als Begleiter dieses Gottes darstellte. Die Wechselgesänge wurden zunehmend diffiziler ausgestaltet, andere handelnde Personen kamen hinzu, so dass ein fester Aufführungsplatz erforderlich wurde. Der Gott Dionysos hatte, wie alle griechischen Götter, zwei Seiten, eine heitere und eine schreckliche. Er war nicht nur der in späteren Zeiten verharmloste heitere Gott des Weines, sondern auch der der entfesselten Leidenschaften und des Todes. Teilweise wurde er auch mit Hades, dem Gott der Unterwelt, gleichgesetzt.

Die Tragödienaufführungen des 5. Jahrhunderts sind nicht denkbar ohne die bürgerliche Urbanität, die im Athen jener Zeit aufblühte. Während die epischen Gesänge, etwa die des Homer im 8. Jahrhundert v. Chr., an den Fürstenhöfen vorgetragen worden waren, waren die Zuschauer der Tragödiendichter vor allem die Handwerker und Händler der Stadt. Seit dem Ende des 6. Jahrhunderts hatten sich hier und im attischen Umland politische Strukturen entwickelt, durch die breite bürgerliche Schichten am politischen Entscheidungsprozess beteiligt wurden. Die politische Gleichheit der freien Bürger – sie umfassten freilich nur einen Bruchteil der Bevölkerung, ausgeschlossen waren unter anderem durchreisende oder ansässige Fremde, Frauen und Sklaven – machte Argumentationen notwendig, um zu tragfähigen Beschlüssen zu kommen. In den Kriegen der griechischen Städte gegen die Perser stieg Athen, nach dem entscheidenden Sieg im Jahre 479, sozusagen über Nacht zur griechischen Hegemonialmacht auf. Die Bürger von Athen entwickelten andere Verhaltensmuster, als sie unter der monarchischen oder aristokratischen Vormundschaft üblich waren. Es ging nun im Leben der Polis (des Stadtstaates) um den Austausch von Meinungen und Gegenmeinungen, um Einwände und Stellungnahmen, Anträge und gemeinsame Beschlüsse. So entstand der Begriff der Politik (*tà politiká*: die Polis-Angelegenheiten). Die für politische und moralische Entscheidungen erforderlichen Orientierungen, Werte und Normen konnten nicht mehr allein aus den gesungenen Mythen über die göttliche Abkunft der Helden, ihre ruhmvollen Taten und ihren Untergang bezogen werden. Die traditionellen Mythen lebten im Volk immer noch weiter, wurden nun aber durch die argumentative Auseinandersetzung über die gegensätzlichen Standpunkte überformt. An der dramatisierten Darstellung wurde das neue, individuelle und kollektive Selbstbewusstsein erprobt. Die Tragödie, die die schicksalhafte Wirkung der mythischen Kräfte vorführt, untergräbt diese zugleich durch die sprachliche Praxis ihrer Darstellung. Im Bewusstsein seiner Ohnmacht und seines Ausgeliefertseins artikuliert sich das Subjekt, das sich damit schon ein Stück weit von den mythischen Mächten befreit.

In den als Dichterwettkämpfen gestalteten Tragödienaufführungen rückten die zuvor an den dionysischen Umzügen unmittelbar Beteiligten nun in die Rolle von Zuschauern. Während die alten Kulthandlungen die dionysischen Leidenschaften nicht nur ausdrückten, sondern durchaus anstachelten, entstand hier eine eher dämpfende, auf Reflexion abzielende Gegenbewegung. Dieses Resultat stellte sich aber keineswegs immer ein. Das macht verständlich, warum Platon, eine Generation vor Aristoteles, die Tragödie noch ganz anders als dieser bewertete. Ausgehend von derselben Vorstellung der Beherrschung der Leidenschaften durch die Vernunft, die dann auch Aristoteles leitete, verdammte Platon, der selbst als Tragödiendichter begonnen hatte, die Tragödie wegen der Ansteckungsgefahr, die von den vorgeführten maßlosen Leidenschaften ausgeht. (Noch heute bewegt sich die Wirkungsforschung in Bezug auf mediale Gewaltdarstellungen zwischen den beiden Hypothesen der Affektabfuhr und der Nachahmung.) In seinem Entwurf eines idealen Staatswesens wurden deshalb Tragödienaufführungen wie auch Musik und Kunst zum großen Teil ausgeschlossen. Besonnenheit, Maßhalten, Rationalität, Einsicht waren noch allzu labile Leitbilder, um den entfachten Leidenschaften in jedem Fall standhalten zu können.

In den Tragödien wurde der Mensch als in seinen Entscheidungen frei, aber zugleich beherrscht von schicksalhaften Mächten dargestellt. Wenn nun die ethische Auseinandersetzung mit der selbst verschuldeten Unmündigkeit mehr will als ein demütiges Insichgehen, wenn sie nämlich auf die Unterordnung der mythischen Mächte unter die Selbstverfügung des Subjekts zielt, dann geht auch das tragische Weltverständnis zu Ende. Genau diesen Anspruch vertrat nun die seit der Mitte des 5. Jahrhunderts v. Chr. aufkommende philosophische Ethik der Sophisten (das bedeutet »Kenner«, »Meister«) sowie des Sokrates und Platons. Diese Zeit gilt als die Epoche der griechischen Aufklärung. Die Sophisten zogen im Land umher und vermittelten gegen Geld praktisch verwertbare Bildung, Redekunst und politisch-rechtlichen Beistand. Aufklärer waren sie, weil sie die überkommenen Vorstellungen des Wahren und Guten nicht unbefragt hinnahmen und die Bedingungen der menschlichen Erkenntnis selbst zum Gegenstand von Erkenntnis machten.

Vor allem durch die Kritik Platons erhielt der Ausdruck »sophistisch« eine abwertende Bedeutung. Platon warf den Sophisten die Kommerzialisierung der Lehre und anmaßende Vielwissererei vor. Dennoch ist es das unbestreitbare Verdienst der Sophisten, dass sie die philosophische Kritik der Erkenntnis und der Moral vorbereitet und die für die gesamte vormoderne Ethik zentrale Frage aufgeworfen haben, worin ein glückliches Leben besteht. Die Sophisten gingen von der Verschiedenheit und Veränderlichkeit der menschlichen Sitten aus und zogen daraus unterschiedliche Schlussfolgerungen. Protagoras (ca. 485–415 v. Chr.), der Bedeutendste unter ihnen, vertrat einen Relativismus, nach dem alle Wahrheit und aller Wert vom je Einzelnen abhängen sollte. »Aller Dinge Maß ist der Mensch, derer die sind, daß sie sind, derer die nicht sind, daß sie nicht sind.«[3] Gegenüber der Religion vertrat er einen agnostischen Standpunkt (die Götter sind unerkennbar); einem Prozess wegen Gottesleugnung entzog er sich durch Flucht aus Athen.

Die zuvor im Mythos und in der Tragödie durch die Götter ausgedrückte Unverfügbarkeit des Lebens wurde nun immer mehr als menschengemachte erkannt. Das eröffnete den Menschen die Chance zur Emanzipation vom unverfügbaren Schicksal, bürdete ihnen aber auch auf neuartige Weise Verantwortung und Schuld auf. Die tragische Schuld bestand oft in einer objektiven Verletzung göttlicher Gesetze, gegen die der Handelnde ohne Wissen, ja aufgrund göttlicher Fügung verstoßen hatte. Der bekannteste Fall dieser Art ist der des Ödipus, des Vaters von Antigone, der ohne Wissen und subjektive Schuld Vatermord und Inzest begeht und dafür büßen muss. Durch die Ethik, insbesondere aber durch Sokrates, wird die Schuld subjektiv und damit prinzipiell vermeidbar.

Friedrich Wilhelm Nietzsche (1844–1900) hat deshalb in seiner *Geburt der Tragödie*, formuliert in der Terminologie des 19. Jahrhunderts, Sokrates als »das Urbild des theoretischen Optimisten«[4] bezeichnet und dem »Pessimismus« des Weltbildes der Tragödie entgegengesetzt. Sokrates wirft er vor, als Vertreter eines neuen Moralismus die ältere Tragödie schon nicht mehr verstanden zu haben und mit seiner Vernunftethik, die aus Schwäche, aus dem Niedergang der griechischen Kultur entstanden sei, über die tragische Grundverfassung des Lebens einen Schleier der Illusion vom erreichbaren Glück gedeckt zu haben. Nietzsche denkt kompensatorisch: Das starke Leben der griechischen Frühzeit hatte aus überströmender Gesundheit heraus eine intellektuelle Vorliebe für die schrecklichen Seiten des Daseins, während in der Verfallszeit dieser Kultur die Heiterkeit des Daseins, das Vertrauen in den Nutzen der theoretischen Erkenntnis und der Trost der Ethik entwickelt wurden. Nietzsche kämpft gegen den im 19. Jahrhundert verbreiteten illusionären Fortschrittsoptimismus. Dabei fließt seine Zeitkritik teilweise allzu sehr mit seinem Sokrates-Bild ineinander. Dennoch bleiben an seiner Einschätzung der griechischen Moral und Ethik mindestens zwei wichtige Einsichten bedeutsam:

Nietzsche hat in seiner *Genealogie der Moral* als Erster auf die geschichtliche Herkunft der ethischen Begriffe »gut« und »böse« aus den herrschaftsstrukturellen Begriffen »gut« und »schlecht« hingewiesen. Das Wort »gut« (*agathós*) bezeichnet zur homerischen Zeit die Qualitäten eines aristokratischen Kriegers, also zum Beispiel Tapferkeit, Schlauheit, Durchsetzungsfähigkeit. So wird von einem Heerführer erwartet, dass er sich gegebenenfalls eine Sklavin raubt, und wenn ihm davon abgeraten wird, dann *obwohl* (nicht weil) er *agathós* ist. »Schlecht« *(kakós)* bedeutet demgegenüber zunächst die Verhaltensweise des einfachen (»schlichten«) Mannes.

Sokrates und Platon stellen, so Nietzsche, einen Einschnitt in der griechischen (und abendländischen) Entwicklung der Kultur dar, insofern sie das tragische Bewusstsein in Richtung auf ein ethisches Bewusstsein überwinden. Sie stellen den Menschen die Möglichkeit vor Augen, sich durch Teilhabe an einem idealen, ewigen Sein über die unverfügbaren Schicksale, über die Wechselfälle von Unglück und Glück zu erheben. So werden mithilfe der Ethik die Tugendbegriffe von ihren gesellschaftlichen Funktionen abgelöst und zu allgemein menschlichen Qualitäten umgedeutet.

Nietzsche hat im letzten Drittel des 19. Jahrhunderts, entgegen der damals sich durchsetzenden Verwissenschaftlichung von Kultur und Philosophie, nachdrücklich auch auf die enge Verbindung von Philosophie und Lebensform hingewiesen. Dieser Zusammenhang lässt sich an den drei Gründungsvätern der klassischen griechischen Ethik, Sokrates, Platon und Aristoteles, aufzeigen:

Platon, der Lehrer des Aristoteles, berichtet über seinen eigenen Lehrmeister Sokrates, wie dieser von seinen Athener Mitbürgern angeklagt wurde, dass er die Jugend verderbe und neue Götter einführe, wie er deshalb zum Tode verurteilt wurde, wie seine Freunde ihm zur Flucht aus dem Gefängnis verhelfen wollten, wie er dies verschmähte und freiwillig den Giftbecher trank. Aristoteles wurde gegen Ende seines Lebens ebenfalls von einer solchen politisch motivierten Anklage bedroht, aber er zog es vor, rechtzeitig ins Exil zu gehen, damit, wie er sagte, »die Athener sich nicht ein zweites Mal an der Philosophie versündigen«. Wenn man die philosophischen Auffassungen der beiden Männer vergleicht, kann man sich nicht vorstellen, dass sie auch so hätten handeln können wie der jeweils andere. Für Sokrates war Leben und Philosophieren eines, während für Aristoteles Philosophie eher Wissenschaft war, wobei Wissenschaft in der Konsequenz gerade die Trennung von Wissen und Person voraussetzt. Sokrates war davon überzeugt, es sei besser, Unrecht zu erleiden als Unrecht zu tun, besser, sich einem ungerechten Urteil zu unterwerfen als sich ihm durch Flucht zu entziehen. Aristoteles fragte demgegenüber, unter welchen Bedingungen einem eine solche Alternative nicht mehr aufgenötigt würde.

Die Philosophie, und damit auch die Ethik, hat in der abendländischen Geschichte – entsprechend einer Einteilung Gernot Böhmes[5] – drei Grundformen angenommen: Lebensform, Weltweisheit und Wissenschaft. Diese werden auf eine bis heute gültige Weise durch Sokrates, Platon und Aristoteles verkörpert:

Sokrates, gelernter Steinmetz, Müßiggänger und Eckensteher auf den Plätzen von Athen, wo er alle möglichen Leute ins Gespräch verwickelte, und vor allem unermüdlicher Diskutant an den Tischen wohlhabender Gastgeber, begründete die Ethik als *Lebensform*. In ihr kann man Wissen und Person nicht trennen. Sokrates begriff die Philosophie als Streben nach »Weisheit«, wobei diese in der Einheit von Wissen und moralischer Kompetenz bestand. Die Einsicht, dass diese Vollkommenheit dem Menschen unerreichbar war, spitzte er ironisch zu dem paradoxen Satz zu: »Ich weiß, dass ich nichts weiß.« Diese Einsicht wirkt persönlichkeitsverändernd. Die Ethik als Lebensform ist das Streben nach Selbstverwirklichung, ist Lebenskunst, aber auch Kunst zu sterben.

Platon, aus einer aristokratischen Familie Athens stammend, deren Machtpolitik er allerdings ablehnte, deutete die alten Tugenden des kriegerischen Adels in die neuartigen Begriffe einer universal-menschlichen Ethik um. Der Wille, das öffentliche Leben zu formen, stand im Zentrum seiner Philosophie. Sein Buch über den *Staat* ist nicht nur eine Utopie des idealen Gemeinwesens, sondern enthält auch eine Theorie der Politik, eine Anthropologie, eine Ethik und eine Pädagogik. Wenn man in Anlehnung an Kant die philosophische Auseinandersetzung mit den jeweils anstehenden Gegenwartsproblemen »Weltweisheit« nennen kann, dann war Platon der Begründer der Ethik als *Weltweisheit*.

Der dritte Typus, Ethik als *Wissenschaft*, ist in der verwissenschaftlichten Kultur der Moderne am stärksten in den Vordergrund getreten. Ihr Begründer ist Aristoteles. Er war Sohn eines Arztes und dann zeitweise am makedonischen Königshof Erzieher Alexanders, später Alexander der Große genannt. Er sammelte alles zu seiner Zeit verfügbare Wissen und unterwarf es logischen und wissenschaftstheoretischen Ordnungsschemata. Die Philosophie als Reflexion des angesammelten Wissens begründet, entwickelt und nutzt seit Aristoteles selbst wissenschaftliche Methoden. Mit den empirischen Wissenschaften, die eher auf ihren jeweiligen Gegenstand als auf Fragen nach Geltungsgründen des Wissens gerichtet sind, steht die wissenschaftliche Philosophie in einem Spannungsverhältnis. Aus dem aristotelischen Philosophiebegriff, der das Ganze der Wissenschaften umfasste, haben sich im Lauf der Geschichte immer mehr Einzelwissenschaften herausgelöst, so noch im 19. Jahrhundert Psychologie und Pädagogik. Andererseits eröffnet jede Einzelwissenschaft neue philosophische und ethische Fragemöglichkeiten.

Sokrates – Das moralisch Richtige und das Gottgefällige

Es war eine ungewöhnliche Anklage, mit der sich das Gericht von Athen zu befassen hatte. Ein alter Mann war von seinem eigenen Sohn angeklagt worden, einen Totschlag begangen zu haben. Genauer gesagt, ging es um zwei gewaltsame Todesfälle. Sie hatten sich auf einem Gutshof auf der Insel Naxos ereignet. Dort waren Arbeiter und Sklaven in der Landwirtschaft beschäftigt. Einer der Arbeiter hatte zu viel Wein getrunken und war dabei mit einem Sklaven in einen heftigen Streit geraten, in dessen Verlauf er diesen erschlagen hatte. Der Vater des Gutsherren ließ den Totschläger daraufhin an Händen und Füßen fesseln und zunächst in eine Grube werfen. Da er unsicher war, welche Strafe angemessen wäre, schickte er einen Boten mit dem Schiff nach Athen, wo es für solche Fälle einen Ausleger der heiligen Rechte gab. In der Zwischenzeit kümmerte sich niemand um den Gefangenen, der wegen seiner Übeltat auch keiner Fürsorge wert zu sein schien. Als der Bote schließlich zurückkam und man den Mann aus der Grube holen wollte, war dieser tot, vielleicht verhungert oder verdurstet oder an den Folgen der Fesselung gestorben.

Euthyphron, der seinen alten Vater vor Gericht gebracht hatte, war ein gewerblicher Seher und galt als Autorität in religiösen, moralischen und rechtlichen Dingen. Aber mit seiner Anklage gegen den Vater stieß er nicht nur bei diesem selbst, sondern auch bei seinen Verwandten auf Empörung und Unverständnis. Wie konnte man den eigenen Vater anklagen! Und war der zu Tode gekommene Mann nicht selbst ein Totschläger! Euthyphrons Auffassung mutet uns demgegenüber durchaus modern an (auch wenn das moderne Recht von niemandem die Belastung der eigenen Angehörigen verlangt): Es komme bei der Beurteilung der Tat nicht darauf an, ob man mit dem Täter verwandt sei oder was das Opfer für ein Mensch sei, sondern allein darauf, ob die Tat selbst gerechtfertigt sei oder nicht. Auch nimmt sich Euthyphron die erstaunliche Freiheit heraus, sich als Einzelner von seinen Familienbindungen zu lösen.

Platon schildert diese Begebenheit in seinem Dialog *Euthyphron*, und zwar in Form von Mitteilungen der titelgebenden Figur. Euthyphron ist eben auf dem Weg zur Gerichtsverhandlung, die in einem großen Gebäude auf der Südseite des zentralen Marktplatzes von Athen stattfinden wird, als er Sokrates trifft, der sich seinerseits dort gegen die Anklage dreier Athener Bürger zu verantworten hat. Diese Anklage, die Sokrates zuletzt das Leben kosten sollte, lautet, Sokrates verderbe durch sein Philosophieren die Jugend, leugne die Götter und erdichte neue. Ein solches Athener Gericht bestand aus einer Versammlung von mehreren hundert Bürgern, die zuvor ausgelost worden waren, um gegen ein Tagegeld als Richter zu wirken. Nach der Rede des Anklägers folgte die des Angeklagten, am Ende des Tages stimmten die Richter mit Handzeichen über »schuldig« oder »nicht schuldig« ab. Hier kam für die Beteiligten alles darauf an, rednerisch eine gute Figur zu machen.

Auf der Straße verwickelt Sokrates nun Euthyphron anlässlich der anstehenden Gerichtsverhandlungen – beide scheinen noch reichlich Zeit zu haben – in einen Dialog über die Frage, was fromm und was ruchlos, recht und unrecht sei. Er verspricht sich von dieser Nachfrage – wenigstens behauptet er dies – Belehrung, auch um daraus Nutzen für die Verteidigung in eigener Sache zu ziehen. Immerhin ist Euthyphron so sehr davon überzeugt, das moralisch Richtige zu kennen, dass er entgegen der sozialen Norm die überkommene Sitte der Familienbande verletzen zu müssen glaubt. Am Ende des Gesprächs allerdings hat Sokrates aufgrund seiner beharrlichen Nachfragen die Überzeugungen Euthyphrons nachhaltig erschüttert. So ist man geneigt, Sokrates' anfängliche

Bitte um Belehrung doch für Ironie zu halten, zumal Euthyphron den Eindruck macht, sich auf sein vermeintliches Wissen etwas einzubilden. Zuletzt, als Sokrates die Untersuchung wegen eines festgestellten grundlegenden Widerspruchs noch einmal ganz von neuem aufrollen will, enteilt Euthyphron mit Hinweis auf seinen Gerichtstermin, so dass das Gespräch zu keinem abschließenden Ergebnis kommt.

Auch wie das Gericht in der Sache entschied, erfahren wir von Platon nicht. Stattdessen aber zeigt uns der Fall Euthyphron einige wichtige Voraussetzungen und Grundzüge der sokratischen Ethik, unter anderem zum Verhältnis von religiöser und philosophischer Begründung der Moral.

Sokrates enthält sich einer eigenen direkten Meinung zu Euthyphrons Problem. Aber es wäre doch verwunderlich, wäre er hinsichtlich der unbedingten familienbezogenen Gruppenmoral oder gar der damals schon längst überwundenen Selbstjustiz ein Traditionalist. Im Gegenteil macht schon sein beharrliches Interesse an der Frage, was »das Fromme« eigentlich sei (das Fromme *an sich*, abgesehen davon, ob man Euthyphrons Verhalten für fromm hält oder nicht), deutlich, dass er dessen Einstellung, unter Absehung der Person zu urteilen, durchaus teilt. Erst eine hieb- und stichfeste Bestimmung des Wesens des Frommen – so setzt er offenbar voraus – würde die Beurteilung des Einzelfalls erlauben. Was aber ist »das Fromme«?

Bemerkenswert an dieser Art des Fragens ist nicht zuletzt, dass Euthyphron sie gar nicht versteht. Euthyphron denkt, bei allem religiösen Fachwissen, konkretistisch und analogisch: Er rechtfertigt sein Handeln, wie sich im weiteren Dialog zeigt, in diesem besonderen Fall durch mythische Vorbilder, nämlich durch Verweis darauf, dass der Gott Zeus seinen Vater Chronos bestrafte, der seinerseits seinen Vater Uranos zu Recht tötete. Was uns anfänglich als moderne Form des moralischen Urteils anmutete, erweist sich jetzt als besonders archaisch, orientiert an einem Gesetz der unmittelbaren Rache. (Dazu muss man freilich voraussetzen, dass der Arbeiter in einem engeren Abhängigkeitsverhältnis zu Euthyphron gestanden haben muss. Denn nur ein »Geschädigter« konnte nach damaligem Recht eine solche Anklage vor Gericht erheben.) Demgegenüber beharrt Sokrates auf einem notwendigen Abstraktionsschritt vom Einzelfall zu dem, was allen möglichen Fällen frommen Handelns gemeinsam ist, zum *Begriff* des Frommen. Diesen liefert ihm Euthyphron mit der Feststellung: Fromm ist, was den Göttern lieb ist; was ihnen nicht lieb ist, ist unfromm – eine Bestimmung, die allerdings im weiteren Verlauf des Dialogs keinen Bestand haben wird.

Unsere moralischen Orientierungen – so erkennen wir zunächst an der Gestalt des Euthyphron – erwachsen aus Meinungen, Erzählungen, Bewertungen, Gefühlen, die wir von der Kultur, in der wir leben, übernommen haben. Waren dies zu antiken Zeiten Göttergeschichten, die vom Entstehen, Werden und Vergehen der Welt und von den bewegenden Fragen des Lebens wie Herkunft, Geburt, Kampf um Anerkennung, Tod handeln, so sind es heute, neben elterlichen Vorbildern, beispielsweise noch die christlichen Gebote, aber auch die von den Massenmedien verbreiteten Mythen des Alltags, Bilder heldenhaften, zynischen, aufopferungsvollen oder abgebrüht-cleveren Verhaltens. Gegenüber solcher gelebten Moral entwickelt sich die *Ethik* in dem Moment, in dem sich das Nachdenken mit der selbstverständlichen mythischen Orientierung des Handelns nicht mehr zufrieden gibt, sei es dass man von außen gezwungen wird, sich zu rechtfertigen, sei es dass die eigenen Überzeugungen brüchig werden und eine gedankliche Neuorientierung notwendig wird. Anstatt nach religiösen Vorbildern fragt die Ethik nach vernünftigen Gründen.

Der nächste argumentative Schritt des Sokrates ist einer, der bis heute ein typisch philosophischer geblieben ist, nämlich der der immanenten Kritik. Obwohl Sokrates an *diese* Götter, die sich bekriegen, auffressen und entmannen, ausdrücklich nicht mehr glaubt, bestreitet er nicht diese Annahmen Euthyphrons über die Götter, sondern kritisiert die innere

Widersprüchlichkeit von dessen Argumentation: Wenn die Götter oft so erbittert miteinander streiten, dann kann es, meint Sokrates, nicht um logisch oder empirisch entscheidbare Fragen, sondern nur um solche des *Bewertens* gehen: was gut oder böse, gerecht oder ungerecht, schön oder hässlich ist. Dann aber ist das, was den einen Göttern lieb ist, anderen Göttern gerade nicht lieb. Oder paradox ausgedrückt: Dann ist eine Handlung zugleich gottgefällig und nicht gottgefällig, fromm und unfromm. Sokrates kritisiert Euthyphrons Auffassung also, indem er auf der Grundlage von dessen Vorannahmen mittels weiterer vernünftiger Annahmen und logisch gültiger Schlüsse zu einem absurden Ergebnis kommt.

In unserem Alltag sind die Vorannahmen, die in ethische Überlegungen hineinspielen, meist weniger religiöser als empirischer Art, Meinungen über äußere Tatsachen des Handelns und der sozialen Welt. Das macht für die Struktur der ethischen Argumentation allerdings keinen Unterschied. Tatsachenbehauptungen können vielleicht durch Augenschein oder wissenschaftliche Untersuchungen überprüft werden. Demgegenüber hat es die Ethik mit moralischen Bewertungen zu tun, und diese fließen in das alltägliche Handeln zumeist unbewusst mit ein und werden kaum explizit thematisiert. Fühlen wir uns gekränkt, so empören wir uns bewusst über die Tatsache der Kränkung. Dabei unterstellen wir unsere eigene Bewertung der Tatsachen als selbstverständlich und die Bewertung des anderen als identische. Da sie jedoch oft nicht identisch sind, kommt es zum unversöhnlichen Streit. Keineswegs, so weiß Sokrates, fördert Moral, wie wir oft unterstellen, die Bereitschaft zur Gewaltlosigkeit, vielmehr hat sie die Tendenz zum polemischen Überengagement. Dieses zu brechen ist nicht zuletzt die moralische Aufgabe der ethischen Reflexion.

Der Hinweis auf den Streit der Götter ist nur eines von mehreren Argumenten Sokrates'. Ohne weiteres konzediert er dann nämlich Euthyphron hypothetisch, alle Götter wären sich einig in der Abscheu gegenüber der Tat seines Vaters. Nun aber stellt er die entscheidende Frage: »ob wohl das Fromme, weil es fromm ist, von den Göttern geliebt wird oder ob es, weil es geliebt wird, fromm ist?«[1] Euthyphron versteht den Sinn auch dieser Frage erst allmählich. Denn er denkt konkretistisch an seinen Fall und sein Handeln, das er mit Verweis auf göttliches Recht legitimieren will. Sokrates dagegen abstrahiert vom Einzelfall, ihm geht es um die begrifflich-formale Struktur des Frommen an sich. Sokrates zeigt nun, dass die Eigenschaftswörter »fromm« und »gottgefällig« unterschiedliche begriffliche Strukturen aufweisen: »Gottgefällig« zu sein bedeutet, dass etwas den Göttern gefällt. Aber dass es den Göttern gefällt, hat einen Grund, und zwar den, dass es etwas Frommes oder moralisch Richtiges ist. Das Fromme wird demnach von den Göttern um seiner selbst willen geliebt, es *begründet* diese Hochschätzung, während das Gottgefällige dieses nur ist, weil es von den Göttern geschätzt wird, es *wird* durch die Hochschätzung begründet. Das bedeutet, dass zwar ein und dieselbe Handlung durchaus zugleich fromm und gottgefällig sein kann, dass allerdings der *Begriff* des Frommen von dem des Gottgefälligen logisch unabhängig ist. Gottgefällig zu sein ist nur eine Eigenschaft des Frommen, nicht aber dessen Wesen. Schematisch dargestellt: Sokrates sucht im weiteren Verlauf das Wesen des Frommen mithilfe des Begriffs des »Gerechten« (moralisch Richtigen) zu bestimmen, wobei sich das Fromme als Teilmenge des Gerechten erweist. Ohne die Schritte des Dialogs hier im Einzelnen weiterverfolgen zu können, ist unübersehbar, dass Sokrates' Argumente auf eine Säkularisierung der Ethik hinauslaufen. Dies wird in dem kleinen Text *Euthyphron* schon am Begriff des Frommen deutlich. Zu Beginn wird uns mit diesem Begriff und seiner Anwendung auf das Rechtsproblem der Verwandtenanklage eine scheinbar unauflösliche Einheit von Religion, Recht und Moral präsentiert. Gefragt wird nach dem richtigen Handeln als Auslegung eines göttlichen Rechts. Gegen Ende des Dialogs dagegen wird das

Fromme in einem moderneren Sinn definiert, nämlich als derjenige Teilbereich des richtigen Handelns, der sich auf die Götter bezieht: Fromm handeln heißt demnach, zu den Göttern zu beten (sie um Wohltaten zu bitten) und ihnen zu opfern (ihnen mit Geschenken für Wohltaten zu danken). Wenn das Fromme nur noch als Teilbereich des Moralischen verstanden wird, dann muss es ein vom Wohlgefallen der Götter unabhängiges Kriterium für das moralisch richtige Handeln geben.

Anstatt wie Sokrates zu sagen, das Fromme ist eine Teilmenge des Gerechten, also des moralisch Richtigen, hätte man im Sinne der damaligen griechischen Kultur auch sagen können: das Moralische und das Fromme bilden zwei Bereiche, die sich nur teilweise überschneiden. Die Götter der Griechen handelten dabei keineswegs immer moralisch richtig, sie raubten, betrogen, brachen die Ehe. Sie hatten etwas zutiefst Ambivalentes, Unberechenbares. Sie symbolisierten das für die »Sterblichen« Unerwartete und Übermächtige sowohl im guten als auch im bösen Sinn. Als die »Unsterblichen« waren sie Gegenbilder zur Erfahrung von Ohnmacht und Sterblichkeit. Daran nahmen die Philosophen des 5. und 4. Jahrhunderts v. Chr. nun zunehmend Anstoß. Nicht nur schienen die Götter in ihren Charakteren allzu menschlich zu sein, für Sokrates und Platon vertrug sich ihre allzu menschliche Unmoralität nicht mehr mit ihrer angeblichen Vollkommenheit. Die ethische Religionskritik zielte auf ein ethisch orientiertes Gottesbild. Dies entspricht der Entwicklung, die die Gestalt des Göttervaters Zeus tatsächlich nahm. Er stand zunehmend dafür, dass es in der Welt letztlich gerecht zugeht, und wurde damit zum Wegbereiter nicht nur des christlichen Monotheismus, sondern auch derjenigen philosophischen Allgemeinbegriffe, die seit Platon mehr und mehr an die Stelle der Götter traten.

Sokrates ersetzte die bislang geltende religiöse Moral durch eine Vernunftmoral und -ethik. Das musste nicht heißen, dass sich dabei die *Inhalte* des für moralisch richtig Gehaltenen änderten. Auch verzichtete Sokrates in seinem Philosophieren insgesamt nicht auf eine Vorstellung von den Göttern; vielmehr berief er sich bei seinen hartnäckigen Nachfragen auf den Gott Apollon. Seine Suche nach Weisheit bezeichnete er in seiner eigenen Verteidigungsrede vor Gericht ausdrücklich als »Gottesdienst«. Was sich aber änderte, war das Begründungsverhältnis von Religion und Moral: Die Moral wurde nicht mehr mit Gottes Geboten erklärt, stattdessen wurde Gott mithilfe des Begriffs des Moralischen erklärt. So verstand später auch Kant Gott als Vernunftidee und moralisches Postulat. Der sokratischen Unterscheidung zwischen dem »Frommen« als dem moralisch Richtigen und dem »Gottgefälligen« als dem von der religiösen Moral Geforderten entspricht bei Kant die von »Legalität« und »Moralität«: Moralisch wertvoll ist eine Handlung Kant zufolge nicht schon dann, wenn sie einem Sittengesetz entspricht, also beispielsweise aus Gottgefälligkeit, vielleicht auch aus Angst vor drohender Strafe geschieht (»Legalität«), sondern erst dann, wenn die Bejahung dieses Sittengesetzes den unmittelbaren Bestimmungsgrund des Handelns ausmacht (»Moralität«).[2] So wird Gott für die ethischen Bemühungen, zu erklären, worin das richtige Handeln besteht, am Ende überflüssig. Unter diesem Aspekt erscheint die Anklage gegen Sokrates – ohne den um ihre Autorität bangenden Anklägern und Richtern ein entsprechendes Verständnis zu unterstellen – gar nicht so abwegig, wie Platon es in seinen Dialogen darlegt.

Sokrates, der die religiösen Bräuche und Rituale seiner Zeit durchaus eifrig befolgte, entmachtete die Religion und die Bräuche tatsächlich tiefergreifend, als er selbst ahnen konnte. Seinen Mitbürgern und Richtern gegenüber verteidigte er sich so, wie er es dreißig Jahre lang in seinen Gesprächen praktiziert hatte: Er analysierte in philosophischer Manier und nicht ohne Ironie die Meinungen der anderen. Das war freilich dem Ort des Geschehens, dem Gericht, ganz unangemessen, so dass er – man könnte sagen: aufgrund einer verfehlten Kommunikation – mit einer knappen Mehrheit der

Richterstimmen schuldig gesprochen wurde. Danach hätte er das Todesurteil noch abwenden können, indem er eine andere als angemessen geltende Strafe, üblicherweise die Verbannung, für sich beantragt hätte. Aber mit seiner philosophischen Unnachgiebigkeit vergab er auch diese Möglichkeit. Schließlich hätte er noch mithilfe seiner Freunde aus dem Gefängnis fliehen können. Er lehnte dieses Angebot jedoch ab und nahm es zum Anlass einer ethischen Erörterung über Unrechttun und Unrechterleiden.[3] Dieses Verhalten hatte etwas Selbstmörderisches, obwohl Sokrates den Selbstmord ausdrücklich für unzulässig erklärte.[4] Wem allerdings die Götter den Tod schickten, der durfte seiner Ansicht nach der Todessehnsucht nachgeben. Sokrates verachtete das Leben, sah es als eine Art Krankheit an und den Tod als Genesung und starb glücklich.

Bei Platon wurde das Sterben des Sokrates zum Symbol des philosophischen Denkens: Um das wahre und höchste Seiende, das Platon später die »Idee des Guten« nannte, zu erfassen, muss man sich aus den Banden des Stofflichen befreien. Diese Leistung ist eine der Seele, die sich in einen Gegensatz zu den Bedürfnissen der Leiblichkeit setzt. Sokrates fordert, man solle sich primär um das Wohlergehen seiner Seele kümmern. Diese Seele, das Selbst, ist nicht der Inbegriff der Begierden und Gefühle, sondern eine davon unabhängige Instanz, die den Körper dirigiert. Leib und Seele verhalten sich zueinander wie Diener und Herrscher. Sie entsprechen dem Gegensatz von Sichtbarem und Unsichtbarem, Vergänglichem und Unvergänglichem, Sterblichem und Unsterblichem. Eine vom Körper losgelöste Seele war für die Zeitgenossen des Sokrates eine höchst ungewöhnliche Vorstellung. Für ihn aber bedeutete die richtige Lebensführung den physischen Tod, die Trennung der Seele vom Leib. Das ungerechtfertigte Todesurteil auf sich zu nehmen war für ihn eine Frage der moralisch geforderten Übereinstimmung von Reden und Handeln und ein Beweis seiner Autonomie.

Für Sokrates war, wie schon für den Sophisten Protagoras, der

Mensch das Maß aller Dinge, nun aber nicht jeder Einzelne, sondern der Mensch, sofern er seiner Bestimmung folgt, sich selbst zu erkennen. Sokrates suchte nach allgemein verbindlichen Grundlagen des Wissens und Handelns, auch und gerade, sofern sie dem jeweils einzelnen Menschen nicht bewusst sind. Er lehrte nicht, sondern fragte nach. Er war jedoch kein Skeptiker, sondern vertraute auf Wahrheitsfindung durch das Gespräch, in dem sich verschiedene, einseitige Ansichten wechselseitig korrigieren sollten. Er suchte eine verbindliche moralische Lebensorientierung in der Prüfung vernünftiger Gründe, soweit sie sich in der Diskussion bewähren und dann in allgemeine Definitionen des Wesens (von Schönheit, Gerechtigkeit usw.) einfließen. Handlungsleitend sollen dabei nicht die Ansichten anderer sein, sondern die individuelle Selbstbestimmung des Gewissens.

Sokrates hat die tragische Weltsicht der Griechen wie auch die religiöse Moral zugunsten einer rational-ethischen Begründung des Handelns überwunden. Freilich hat sein für ihn tödlich endender Konflikt mit der Bürgerschaft von Athen – so hat ihn später Hegel gedeutet – durchaus noch etwas Tragisches. Tragisch ist ein Konflikt dann, wenn zwei moralisch gerechtfertigte Ansprüche unheilvoll aufeinander stoßen. Tragisch wäre es also nicht, wenn der moralische Held Sokrates von in ihrer Eitelkeit gekränkten, rachsüchtigen oder auch nur gleichgültigen Bürgern zum Tode verurteilt worden wäre – dies entsprach der moralisierenden Legende des 19. Jahrhunderts. Hegel spottet über entsprechende Darstellungen, mit denen Sokrates zum Schutzheiligen »des moralischen Geschwätzes und der Popularphilosophie« gemacht wurde, »wozu noch vollends kam, daß sein Tod ihm das populärrührende Interesse des Unschuldig-Leidens gab«[5]. Das Tragische am Tod des Sokrates ist, dass er mit seiner Begründung der Ethik und damit des subjektiven Rechtes auf Kritik und Erkenntnis von Gut und Böse die bestehende Form des religiösen Rechts und der eingelebten Sittlichkeit bedroht und letztlich tatsächlich zum Einsturz gebracht hat. Beides, die

»subjektive Freiheit« des Sokrates und die »objektive Freiheit« der unbefragt geltenden Regeln des religiös-staatlichen Lebens, der substanziellen Sittlichkeit, sind aber »göttliche Rechte«. »Daß die Realität der Sittlichkeit«, so Hegel, »in dem Volksgeiste schwankend geworden, dies kam in Sokrates zum Bewußtsein; er steht darum so hoch, weil er eben das Bewußtsein dessen hatte, was war, er seine Zeit ausspricht.«[6] Diese Zeit war die eines Umbruchs, in der die herkömmliche Sittlichkeit zerfiel und die Individuen selbst moralische Urteilskraft entwickeln mussten. Nach Hegels Meinung ist Sokrates also gewissermaßen zu Recht angeklagt und verurteilt worden, doch auch er hatte Recht, dieses Urteil für Unrecht zu halten. Er brachte das Prinzip der Subjektivität in der Prüfung von Gut und Böse zur Geltung, ohne dieses Recht für sich als geschichtliches Individuum schon beanspruchen zu dürfen. Dieses Recht hat in Hegels Sicht erst die Nachwelt.

Platon – Aufstieg aus der Jammerwelt und Rückkehr in diese

In einer sehr geräumigen, dunklen Höhle sitzt eine Gruppe von Menschen, den Blick auf die rückwärtige Höhlenwand gerichtet. Es sind Gefangene, derart gefesselt, dass sie sich nicht bewegen, nicht einmal ihren Kopf wenden können. Sie sitzen dort, solange sie zurückdenken können. Vor ihren Augen läuft ununterbrochen eine primitive Art Kinovorstellung ab. Das Licht stammt von einem Feuer, das weit hinter ihrem Rücken und oberhalb von ihnen lodert. Zwischen Feuer und Gefangenen befindet sich eine Mauer, hinter der Menschen hin und her gehen und allerlei Dinge, auch Statuen von Menschen und Tieren, tragen, die über die Mauer hinausragen und so Schatten an die Höhlenwand werfen. Dabei unterhalten sich die Träger laut miteinander, wobei das Echo ihrer Stimmen von der Wand zurückhallt. Was die Gefangenen sehen, sind flackernde, unscharfe Schattenbilder. Was können sie nun anderes denken, als dass die Bilder selbst es sind, die sich bewegen und sprechen? So halten sie ihre Höhlenexistenz und das, was sie sehen, für die unverfälschte Wahrnehmung der einzig existierenden Wirklichkeit.

Geht es uns mit unserer technisch hochentwickelten Bilderwelt anders? Postmodernen Philosophen zufolge ist die virtuelle Welt der Bilder und Medien heute von der realen Welt nicht mehr zu trennen, ja ist die Annahme einer Wirklichkeit unabhängig von medialen Konstruktionen sinnlos. Platon, der das Gedankenexperiment von den Gefangenen in der Höhle ersonnen hat, behauptete ebendies von unserer alltäglichen Welterfahrung, nur dass er dabei zugleich eine andere, einzig wirkliche Welt jenseits der sinnlichen Erfahrung annahm, eine Welt unveränderlicher Wesenheiten, die der Welt des unaufhaltsamen Werdens und Vergehens zugrunde liegen.

Platons »Höhlengleichnis« erzählt nun von der durchaus mühsamen Erkenntnissuche nach dem »Wesen« der Dinge, die eine anstrengende Abkehr von den alltäglichen Lebenseinstellungen und Gewohnheiten erfordert. Wie Sokrates vertrat auch Platon die Auffassung, dass man dieses Wesen nicht in den bloßen Wahrnehmungen und Meinungen über die vergänglichen Dinge und Verhältnisse finden könne, sondern nur mithilfe des reinen Denkens, wobei die idealen, zeitlosen Gegenstände der Mathematik und Geometrie als Vorbild dienten. Das betraf auch, ja vor allem, die über die (sophistische) Alltagsmoral hinausgehenden ethischen Bestimmungen. Diese waren bei Sokrates letztlich unklar geblieben. Platon entwarf dagegen eine Metaphysik der idealen Wesenheiten, denen gegenüber die materiell-sinnliche und veränderliche Welt in einem Verhältnis der Abbilder beziehungsweise der Teilhabe stehen sollte. Diese idealen Wesenheiten waren als ewige Urbilder alles Seienden aufzufassen, als Kraftquellen des Seienden und zugleich als Bedingungen seiner Erkennbarkeit.

Platon nannte sie »Ideen« – wobei damit alles andere als subjektiv-willkürliche Einfälle gemeint waren, vielmehr zeitenthobene Urformen des Seins. »Ideen« sind Gebilde, Formen, Arten, Typen oder Begriffe. Erkannt werden können sie nur mit dem »geistigen Auge«, und zwar dann, wenn, bildlich gesprochen, ein Gefangener von seinen Fesseln befreit wird. Man zwingt ihn, aufzustehen, sich umzuwenden, er erblickt die Statuen und das Feuer und ahnt die Nichtigkeit der Schattenwelt. Man zwingt ihn weiter, den steilen und schwierigen Weg zum Ausgang der Höhle emporzusteigen. Mühsam erreicht er schließlich das Freie und ist geblendet vom Sonnenlicht, an das er sich erst langsam gewöhnen muss. Dann aber empfindet er das höchste Glück philosophischer Einsicht und möchte nie mehr in die Welt der Schatten zurück. Wenn also die Situation der Gefangenen ein Gleichnis für die Erfahrungen der Alltagswelt darstellt, dann symbolisiert die Welt außerhalb der Höhle mit ihren Pflanzen, Tieren, Landschaften und der Sonne, die alles bescheint und wachsen lässt, jene wahre Welt.

Das Höhlengleichnis endet freilich nicht mit der Glückseligkeit der Ideenschau. Vielmehr ergeht an den Philosophen die moralische Aufforderung, die irdische Welt nicht nur nach Maßstäben der Ideen zu beurteilen, sondern auch praktisch zu gestalten. Der befreite Gefangene, der die Sonne gesehen hat, kehrt also ins Dunkel der Höhle, »in die Jammerwelt der Menschen«[1] zurück, um diesen von seinen Erlebnissen zu berichten. Dabei stellt er sich nun zunächst recht ungeschickt an, denn seine Augen sind nicht mehr an die Dunkelheit gewöhnt. Die Gefangenen allerdings meinen, dass ein Aufstieg sich nicht lohne und einem nur die Augen verderbe. Würde er trotzdem versuchen, sie hinaufzuführen, dann würden sie sich sehr belästigt fühlen und »würden ihn töten, wenn sie ihn in die Hände bekommen und töten könnten«[2]. Die Anspielung auf das Schicksal des Sokrates ist unüberhörbar.

Platon erfand nicht nur das Kino, er war auch der erste Medienkritiker. Dabei nahm er außerdem die heute so beliebten Ratesendungen des Fernsehens vorweg, bei denen man viel Geld gewinnen kann, vor allem wenn man bei anderen Sendungen gut aufgepasst hat. Die Gefangenen haben nämlich »Preise untereinander ausgesetzt [...] und Auszeichnungen für den Menschen, der die vorbeiziehenden Gegenstände am schärfsten erkannt und sich am besten gemerkt hat«[3]. All das kann den, der die Sonne gesehen hat, nicht mehr bewegen. Vielmehr wird er es als Pseudowissen betrachten, durch das sich die äußerlich Gefesselten auch noch innere Fesseln anlegen. Das Gleichnis bezieht sich hier auf verschiedene Formen des Meinens, Fürwahrhaltens und empirischen Wissens. Unter diesem Aspekt entwarf Platon tatsächlich eine Art Medienkritik. Sie bezog sich auf Mythen, Epen, Theater und Musik, die, so Platon, weniger der Wahrheit als der Wirkung verpflichtet sind und so nicht die vernünftigen, sondern eher die unvernünftigen seelischen Kräfte verstärken. Ein Beispiel für eine besonders verhängnisvolle Wirkung war Aristophanes' Komödie *Die Wolken*. In ihr wurde der stadtbekannte Sokrates als typischer Sophist, der aus Schwarz Weiß und aus Weiß Schwarz macht, porträtiert und verhöhnt. Der Bühnen-Sokrates unterweist einen jungen Schuldenmacher im Auftrag von dessen Vater darin, wie er seine Gläubiger an der Nase herumführen kann. Als dieser schließlich seinen eigenen Vater verprügelt und sich dabei auf Sokrates beruft, rächt sich der Vater an diesem, indem er dessen Haus mit der Axt zertrümmert und anzündet.[4] Der vom Vater als Begründung geäußerte Vorwurf: Aufwiegelung der Jugend und Leugnung der Götter, war derselbe, der später zur Verurteilung des wirklichen Sokrates führen sollte.

Aus heutiger Sicht könnte man versucht sein, Platons Ideenlehre als willkürliche Konstruktion einer »Hinterwelt« (wie Nietzsche[5] spottete) anzusehen. Um ihren Sinn richtig zu verstehen, muss man ihre Voraussetzungen rekonstruieren. Platon suchte eine abschließende Antwort auf die sokratischen Fragen nach dem Identischen in den veränderlichen und vergänglichen Dingen, Handlungen, Qualitäten, nach dem »Frommen an sich« in allen möglichen frommen Einstellungen, dem »Gerechten an sich« in allen gerechten Handlungen und so weiter. Wir würden heute vom *Begriff* der Frömmigkeit, der Gerechtigkeit und so weiter sprechen. Platon war nun davon überzeugt, dass wir moralisch bewertende (wie auch der Beschreibung dienende) Begriffe nicht allein durch Abstraktion aus sinnlichen Wahrnehmungen gewinnen können. In der Tat ist einleuchtend, dass wir, bevor wir abstrahierend verallgemeinern können, ja schon wissen müssen, dass etwa eine bestimmte gerechte Handlung ein Fall von Gerechtigkeit ist. Dieses Wissen verstand Platon als geistiges Sehen objektiv-existenter Formen. So können wir an einem mit Kreide gezeichneten Dreieck geometrische Verhältnisse veranschaulichen, die sich in Wahrheit auf ein ideales Dreieck beziehen. Nun kann man zwar erkenntnistheoretisch einwenden, dass die wahrnehmbaren Objekte der Welterkenntnis, anders als gemalte Dreiecke, keine Illustrationen von Vorstellungen oder

Begriffen darstellen. Es sind sie selbst, die erkannt werden sollen. Aber gerade hinsichtlich der Dimension der Moralität hat Platons Ansatz etwas für sich. So geht es in der Ethik, nach einem Wort Kants, nicht darum, »Gründe anzugeben von dem, was geschieht, sondern Gesetze von dem, was geschehen soll, ob es gleich [= auch wenn es] niemals geschieht«[6]. Moral als Orientierung darüber, was erstrebenswert, lobenswert, erlaubt, geboten oder verboten ist, ist in der Tat nicht an den menschlichen Handlungen selbst ablesbar, sondern besteht aus Bewertungen, mit denen wir unsere Wahrnehmungen und Einstellungen in einer bestimmten Hinsicht ordnen. Und diese Bewertungen folgen nicht subjektivem Belieben, was man schon daran erkennt, dass sie dem eigenen Streben gelegentlich auch stark widerstreiten können. Moralische Orientierungen sind deshalb in gewissem Sinne subjektunabhängige »Tatsachen«, die man ähnlich wie natürliche Gegenstände erkennen kann. Die platonischen Ideen wären demnach in ethischer Hinsicht fundamentale moralische Tatsachen, die an sich und nicht nur jeweils für uns bestehen.

Ein solcher moralphilosophischer »Realismus« besagt, dass moralische Aussagen denselben Status haben wie Aussagen über die natürliche Welt. Sie beziehen sich auf objektive Tatsachen, insofern diese an sich und nicht nur für uns bestehen. Und dieser Typus von Ethik ist zugleich kognitivistisch, insofern moralisch richtige Bewertungen als wahre Erkenntnisse aufgefasst werden. Bei Platon erhält der moralphilosophische Realismus nun außerdem noch eine metaphysische Gestalt. Platon dachte die moralischen Tatsachen nämlich als Formen des Seins, in denen die jeweilige Qualität in absoluter Vollkommenheit vorhanden ist. So ist keine menschliche Handlung absolut und vollkommen gerecht, sondern nur insofern gerecht, als sie an der »Idee« des Gerechten teilhat. Die ewige Ordnung der Ideen, im Höhlengleichnis symbolisiert durch die oberirdische Welt, wird noch einmal zusammengefasst und begründet durch die höchste Idee, nämlich die des »Guten«, für die die Sonne steht. Die Sonne ist nicht nur die letzte

Ursache alles irdischen Lebens, sondern auch die Voraussetzung seiner Sichtbarkeit und Erkennbarkeit. Ebenso soll die Idee des Guten der letzte Grund für die Existenz und die Erkennbarkeit der Ideen sein.

Wie der Begriff der Idee darf auch der des »Guten« nicht von vornherein in einem neuzeitlichen Sinn verstanden werden, zumal das Prädikat »gut« auch heute unterschiedliche Facetten hat. So gibt es für uns das moralisch Gute (eine »gute Tat«), das funktional Gute (ein »gutes Fahrrad«), das geschmacklich Gute (ein »guter Wein«) oder auch das Gute als Können (eine »gute Aufführung«). Bei Platon hat das »Gute« am ehesten den Sinn des Tauglichen. Die Idee des Guten ist dann die reine Form des vollkommen Tauglichen. Wozu wird sie benötigt? Die schönen, gerechten, frommen Dinge oder Handlungen haben jeweils ein Gemeinsames, nämlich die diesen Qualitäten entsprechenden Ideen oder Formen des Schönen, des Gerechten, des Frommen und so weiter. Diese Ideen repräsentieren die jeweils vollkommene Qualität der Erscheinungen. Sie haben nun offenbar ihrerseits etwas Gemeinsames, das sie erst zu Ideen macht: die Tauglichkeit, die ihnen zugeordneten Prädikate auf eine vollkommene Weise darzustellen. Dieses Gemeinsame ist die »Idee des Guten«. Sie stellt gleichsam den Schlussstein für das Gewölbe der Ideen dar, der diese in ihrer Funktion absichert.

Die »Idee des Guten« ist zugleich der Ursprung alles Seienden wie auch der Erkennbarkeit des unveränderlichen Seins und der veränderlichen Dinge. In der ihnen zugewandten Seele begegnen sich beide Welten, und nur deshalb kann der Mensch die Wahrheit erkennen und moralisch richtig handeln. Wahres Erkennen ist Wiedererinnerung der Seele an die unmittelbare Ideenschau zu einem Zeitpunkt, bevor sie sich mit einem irdischen Leib verbunden hat – Platon postuliert die Unsterblichkeit der Seele –, und vollständiges Erkennen und richtiges Handeln sind für ihn eins. Die Ideenlehre stellt eine Einheit der erst später, nach Platon, geschiedenen philosophischen Disziplinen der Ethik, der Erkenntnistheorie und der Ontologie (der Lehre von den allgemeinsten Bestimmungen des Seins) dar. Mit dieser Einheit gleicht die Idee des Guten der religiösen Vorstellung eines höchsten göttlichen Wesens. Sie ist um ihrer selbst willen erstrebenswert und liefert zugleich den Maßstab für die Beurteilung des moralisch richtigen Handelns und der wahrhaft erstrebenswerten Güter.

Die Ideenlehre soll zwei philosophische Grundfragen zugleich beantworten, die dann schon bei Aristoteles in zwei getrennten Disziplinen untersucht wurden: Wie ist wahre Erkenntnis möglich? Und: Was ist moralisch-praktisch geboten? Die Struktur des platonischen Modells besteht darin, den beiden Polen der Welt und der Seele einen dritten, beide vermittelnden gegenüberzustellen. Deutlicher noch als bei Platon wurde dieses Dritte dann später im Neuplatonismus sowie in der christlichen Philosophie des Mittelalters mit Gott gleichgesetzt. Hegel nannte es »Geist«, die nachmetaphysische Philosophie des 19. und 20. Jahrhunderts suchte diese Vermittlung von Objektivem und Subjektivem in »Arbeit«, »Sprache« oder auch »Kultur«. Gemeinsam ist diesen Modellen, dass die Bedingung wahrer Erkenntnis und richtigen Handelns in einem Sinngefüge liegt, in dem Mensch und Welt ursprünglich aufeinander bezogen sind. Die jeweilige Kultur liefert dabei die als »Werte« bezeichneten moralischen Hintergrundorientierungen, innerhalb deren sich moralische Bewertungen ausbilden und Entscheidungen vollziehen.

Gegen den ethischen Kognitivismus Platons wurde schon bald, und zwar von Aristoteles, der berechtigte Einwand erhoben, dass die Erkenntnis des Bestehenden mit der Erkenntnis des moralisch Gebotenen nicht unbedingt einhergeht und Letztere nicht zwingend zu moralischem Handeln führt. Auch dass wissenschaftliche, insbesondere mathematische Kenntnisse eine entscheidende Grundlage moralischer Lebensführung darstellen, will uns heute, im Zeitalter einer verselbstständigten instrumentellen und kalkulatorischen Vernunft, nicht mehr einleuchten. Allerdings muss man sich hier vor historisch unangemessenen Beurteilungen hüten. Die Mathematik war für Platon keine begrenzte Fachwissenschaft, sondern offenbarte mit den Zahlen und ihren Verhältnissen – hier stand er unter dem Einfluss der pythagoreischen Philosophie – die Bausteine der kosmischen Ordnung insgesamt, der Weltenharmonie. Auch ein anderer Einwand geht von einer spezifisch modernen Voraussetzung aus, nämlich der, dass mit den »Ideen« auf logisch unzulässige Weise Tatsachenbehauptungen und normativ-moralische Ansprüche vermengt würden. Gemeint ist die für die moderne Ethik wichtig gewordene, von David Hume (1711–1776) formulierte Kritik einer leichtfertigen Ableitung normativer Folgerungen aus beschreibenden Prämissen. Demnach wäre die Vorstellung einer »moralischen Tatsache«, die mit Objektivitätsanspruch erkannt werden könnte, unsinnig. Ein solcher Einwand hätte Platon allerdings kaum beeindruckt. In der antiken Gesellschaft und ihrer Sprache der Moral gab es noch keinen Abgrund zwischen Tatsachen und Bewertungen, Sein und Sollen. Ursprünglich hing das, was von einer Person erwartet wurde, unmittelbar von ihrer Stellung in der Gemeinschaft ab, und Platon übertrug diesen Zusammenhang auf die ideale Welt der moralischen Formen.

Unmittelbar im Anschluss an das Höhlengleichnis thematisiert Platon sowohl erzieherische als auch politische Fragestellungen. Verglichen die Sophisten Erziehung und Bildung mit dem Einpflanzen eines Samens ins Erdreich und mit der Pflege der Pflanze – dies ist der Ursprung des später von Cicero (106–43 v. Chr.) geprägten Begriffs der Kultur als *cultura animi* (Pflege des Geistes) –, so versteht Platon Erziehung als Erwecken einer immer schon vorhandenen Fähigkeit (des »Sehens« bzw. Denkens), allerdings mit dem gewichtigen Zusatz, diese Fähigkeit müsse durch eine »Umkehr« der gesamten Person, eine Bekehrung, in die richtige Richtung gelenkt werden. Je eher ein Mensch in seiner Entwicklung von der Welt des Vergänglichen zu der des Wahren und Ewigen geführt wird, umso nachhaltiger der Erfolg dieser Umkehr. Die andere, politische Konsequenz besteht darin, dass nur diejenigen zu Führungsaufgaben im Staat befähigt sind, die mittels der Ideenschau Einsicht in letzte Ziele des Handelns gewonnen haben. Nicht zufällig findet sich die Ideenlehre im großen Dialog über den *Staat*. Ausgehend von der Frage, was Gerechtigkeit sei, geht Platon (beziehungsweise Sokrates, der hier vor allem als Platons Sprachrohr auftritt) schon bald von der individuellen auf die gesellschaftliche Ebene über und reformuliert die Frage nach dem Wesen der Gerechtigkeit als die nach der bestmöglichen Staatsform. Hier stellt sich nun die Frage, welche persönlichen Voraussetzungen für die Staatsführung erforderlich sind. Geeignet sind für diese Aufgabe – so sagt das Höhlengleichnis – weder diejenigen, die ihre Augen nur auf die Schatten richten, noch diejenigen, die sich lebenslang mit der Ideenschau begnügen, sondern die, die in die »Jammerwelt« zurückkehren. Diese Hoffnung Platons ist als so genannter Philosophen-Könige-Satz berühmt geworden: »Wenn nicht die Philosophen in den Staaten Könige werden oder die Könige, wie sie heute heißen, und Herrscher echte und gute Philosophen [...], gibt es [...] kein Ende des Unglücks in den Staaten [...].«[7]

Der moralische Anspruch, den Platon gegenüber dem Philosophen erhebt, der die Ideen schaut, der Anspruch nämlich, in das alltägliche Leben praktisch ändernd einzugreifen, zielt auf politisches Handeln im Sinne des Gemeinwohls. Im idealen Staat resultiert aus der durch den Staat organisierten Erziehung für den Philosophen die Pflicht, sich an der staatlichen Verwaltung zu beteiligen. Politik und Ethik sind für Platon kaum getrennt, wobei das ethische Prinzip der Gerechtigkeit beide Bereiche verbindet. Gerechtigkeit ist also nicht nur eine persönliche Haltung, sondern auch und vor allem eine gesetzliche und institutionelle Regelung. Mehr als Sokrates war Platon von der Vorstellung durchdrungen, die Verfassungen der griechischen Stadtstaaten seiner Zeit seien höchst mangelhaft. Zu Beginn seines biografisch bedeutsamen *Siebenten Briefs* schildert er die politischen Verhältnisse in Athen während seiner Zeit des Erwachsenwerdens.

Als Angehöriger der Aristokratie schien er für eine politische Tätigkeit prädestiniert, aber die Politik der Aristokratenpartei, die zeitweise die Macht an sich gerissen hatte (die so genannten Dreißig Tyrannen – mit einigen war er sogar verwandt), entpuppte sich schon bald als üble Willkürherrschaft. Nach dem Sturz der Dreißig herrschte wieder die demokratische Partei, doch auch deren Politik enttäuschte Platon, ja sie artete mit dem Sokrates-Prozess in schlimmes Unrecht aus. Etwa vierzehn Jahre nach dem Tod des Sokrates gründete Platon seine Philosophenschule, die »Akademie«, noch einmal etwa dreizehn Jahre später erschien *Der Staat*. Mehrmals in seinem Leben hatte er Grund zu der Hoffnung, seine Vorstellungen von einer vernünftigen Staatsform realisieren zu können, aber alle Versuche scheiterten.

Gelegenheiten dazu ergaben sich in der griechischen Kolonie Syrakus. Platon hatte schon in den Jahren 389/388 v. Chr. eine Studienreise nach Unteritalien und Sizilien zu den dortigen pythagoreischen Schulen unternommen und bei dieser Gelegenheit in Syrakus Dion, einen jungen Verwandten des Herrschers Dionysios I., kennen gelernt. Während dieser für Platon der Inbegriff des schwelgerisch lebenden und an Erkenntnis desinteressierten Tyrannen war, wurde Dion zu einem begeisterten und treuen Schüler Platons. Einundzwanzig Jahre später trat Dionysios II. die Erbschaft seines Vaters an. Der etwa dreißigjährige Nachfolger war bislang von der Macht fern gehalten worden und schien leicht beeinflussbar. Dion gelang es, ihn für die Gedankenwelt Platons zu interessieren, und bat diesen dringend, selbst nach Syrakus zu kommen. Platon, der inzwischen den *Staat* publiziert hatte, konnte sich diesem Ruf nicht entziehen. Das Unternehmen scheiterte allerdings im Intrigengewirr des Hofes. Der junge Dionysios war mehr daran interessiert, sich mit der Anwesenheit des berühmten Athener Philosophen öffentlich zu schmücken, als daran, mit diesem philosophische Gespräche zu führen. Dion wurde plötzlich in die Verbannung geschickt. Nur mit Mühe konnte Platon die Erlaubnis zu seiner Abreise erwirken. Vier Jahre darauf lud Dionysios Platon erneut ein. Berichte von Freunden Dions deuteten auf einen tiefgreifenden Sinneswandel des Tyrannen hin. Indes endete auch diese Reise mit einem Fiasko, Platon kam am Ende gerade noch mit dem Leben davon. Das Scheitern dieses Unternehmens wurde auch von den Anhängern der Akademie allgemein als Indiz dafür bewertet, dass sich Platons Gedanken zur besten Staatsform nicht umsetzen ließen. Hinzu kam, dass Dion bald darauf zwar Dionysios mit Waffengewalt aus Syrakus vertrieb, selbst aber als Herrscher keineswegs eine gute Figur machte und wenige Jahre danach von einem eigenen Gefolgsmann ermordet wurde.[8]

Tatsächlich hat Platons Staatsentwurf durchaus diktatorische Züge. Der Gedanke des wohlgeordneten Ständestaates wird der Erfahrung von Parteienkämpfen entgegengesetzt. Die Ziele des Gemeinwohls werden mittels einer Erziehungsdiktatur verbindlich gemacht. Dieses Gemeinwohl besteht, so Platon, in der kosmischen Harmonie des Staates, die der Ordnung der Seele gleicht. Der Philosoph erkennt diese Ordnung, ordnet sein eigenes seelisches und praktisches Leben und ist so auch in der Lage, das Gemeinwesen zu ordnen. Die moralische Erziehung der späteren Regenten soll sicherstellen, dass sie von Privatinteressen frei sind. Materielle Güter sind den oberen Ständen des Gemeinwesens nur in geringem Umfang erlaubt und, wie auch Frauen und Kinder, Gemeineigentum. Auf diese Weise sollen Korruption und Vetternwirtschaft verhindert werden. Solche Regelungen wirken heute mehr denn je wirklichkeitsfremd. Andererseits aber haben auch und gerade moderne Demokratien das Problem der Ausnützung öffentlicher Ämter für private Interessen keineswegs befriedigend gelöst.

Abgesehen von der Frage der Realitätstauglichkeit des Entwurfs, insbesondere von der Frage, was dafür spräche, dass die einmal zu Herrschern Ausgebildeten stets ihren ethisch einwandfreien Zielen treu bleiben würden, stellt sich in einer solchen Erziehungsdiktatur vor allem das Problem, wer die

Erzieher erzieht und welche Mittel als gerechtfertigt gelten, um die hochstehenden Zwecke zu erreichen. Zur ersten Frage äußert sich Platon nicht. Was die zweite betrifft, so sieht er beispielsweise auch gelegentlich Betrug an den Bürgern vor, wenn dieser höheren Zwecken dient. Bedenken treffen schließlich auch den Philosophen-Könige-Satz. Den vor allem längerfristigen Gefahren der Machtkonzentration, die von Utopien des »guten Herrschers« regelmäßig vernachlässigt werden, begegnet die moderne Staatstheorie mit dem Prinzip der Gewaltenteilung. Nicht nur die verschiedenen politischen Machtzentren und die rechtlichen Institutionen sollen demnach unabhängig voneinander agieren und sich wechselseitig kontrollieren, auch die öffentliche Meinung und die sie beeinflussenden Kräfte der Publizistik und der Wissenschaften – sowie gegebenenfalls auch der Philosophie – übernehmen möglichst autonome Funktionen. Durch die Pluralität der gesellschaftlichen Beobachtungsinstanzen sollen die negativen Folgen von Machtballungen möglichst eingegrenzt werden. Dabei resultiert die Fruchtbarkeit der philosophischen Beobachtung nicht zuletzt aus der gedanklichen Risikobereitschaft und Radikalität, während die rechtlich und demokratisch gezähmte politische Macht eher dem Ziel dient, die Risiken zu vermindern, die aus den modernen Lebensumständen resultieren. Die Aufgaben und Prinzipien beider Tätigkeiten sind also ganz unterschiedlich.

Die Ideenlehre wird oft als der eigentliche Kern der platonischen Philosophie angesehen. Der späte Platon hat sie jedoch dahingehend relativiert, dass er Wissen und Tugend nicht mehr unbedingt gleichsetzt und eine grundsätzliche Korrumpierbarkeit der Menschen in Rechnung stellt. In seiner letzten Schrift, den *Gesetzen*, nennt er als Garanten für moralisches Handeln der Herrscher nicht mehr deren Fähigkeit zur wahren Erkenntnis, sondern deren Dienst an den (letztlich von Gott gegebenen) Gesetzen. Der späte Platon ersetzt in seiner Verfassungsutopie die problematische Philosophenherrschaft durch eine vielleicht kaum weniger problematische Theokratie mit zahlreichen pedantischen Regelungen für alle Lebensbereiche. Aber in einem wesentlichen Aspekt nimmt er die moderne Sozialethik des Rechtsstaates vorweg: An die Stelle einer wie auch immer optimierten persönlichen Herrschaft tritt die unpersönliche Herrschaft der Gesetze. Die Herrscher werden zu »Staatsdienern«, die sich in unterschiedlichen Gremien wechselseitig kontrollieren.

Bitte lassen Sie vor Ihrem geistigen Auge eine Person erscheinen, die in Ihrem Leben eine Rolle spielt, denken Sie zum Beispiel an Ehepartner, Kinder, Eltern, Vorgesetzte, Mitarbeiter oder auch Nachbarn, Bekannte oder Verwandte. Die Beziehung zu dieser Person mag insgesamt gut oder schlecht sein, auf jeden Fall gibt es da auch schwierige Punkte: Punkte, bei denen Sie immer wieder aneinander geraten, oder schwierige Themen, über die Sie nicht oder nur schlecht sprechen können, oder Verhaltensweisen, unter denen Sie zu leiden haben; das können große oder auch kleinere Konflikte sein. – Wenn Sie so weit sind und die Person vor Augen haben, setzen Sie sich auf einen dieser beiden Stühle hier. Sie haben nun ein paar Minuten Zeit, um diese Person zu beschreiben (etwa »arrogante Art, lässt einen kaum zu Wort kommen, weiß alles besser, hat wahrscheinlich ein schwaches Selbstbewusstsein«). Dann setzen Sie sich bitte auf den anderen Stuhl. Beschreiben Sie nun, wie *Sie* auf den anderen innerlich und äußerlich reagieren (»ich lasse mir das alles bieten, wage nicht zu unterbrechen, fühle mich wie ein verschüchtertes Schulkind, das seine Zensuren erhält« und so weiter).[1]

Dies ist eine Übung, die heutzutage so oder ähnlich in Seminaren zur kommunikativen Kompetenz eingesetzt wird. Es geht dabei um die Fähigkeiten der Selbsterforschung und der Konfrontation mit anderen, die uns schwierig erscheinen. Dabei kann man möglicherweise lernen, dass einen am anderen eben das aufregt, was man an sich selbst nicht leiden kann – ein sonst zumeist unbewusst wirkender Mechanismus. »Im Leben«, resümiert der Kommunikationspsychologe Friedemann Schulz von Thun zum Hintergrund dieser Übung, »sind beide Stühle wichtig, sie entsprechen menschlichen Kontakt-Einstellungen, und während im Idealfall beide psychisch zur

Verfügung stehen und je nach Situationserfordernis wechseln können, scheinen wir im Normalfall *eine* Tendenz zu bevorzugen. Einige Menschen bleiben zeitlebens auf dem Stuhl A ›kleben‹. Diese Strategie entlastet zumindest vorübergehend von Schuldgefühlen und Selbstzweifeln […]. Dagegen bietet der Stuhl B die Chance, mit sich selbst mehr ins Reine zu kommen und durch die Entdeckung der eigenen Anteile vom Opfer zum Mit-Urheber des eigenen Lebens zu werden. Umgekehrt bietet der Stuhl A jenen Menschen eine Chance, die Kampfgeist und Konfrontationsfähigkeit entwickeln wollen.«[2] Ziel solcher Übungen ist es, den eigenen Kommunikationsstil zu verbessern, zwischenmenschliche Kontakte förderlicher zu gestalten und damit letztlich das berufliche Fortkommen wie auch das private Glück zu befördern. Der Kommunikationspsychologe analysiert unterschiedliche Kommunikationsstile unter anderem dadurch, dass er die darin enthaltenen Prinzipien der Kommunikation herausarbeitet, die wiederum bestimmten Persönlichkeitsmerkmalen entsprechen. Die Prinzipien, die von den Akteuren selbst wie auch von allen anderen Mitgliedern des entsprechenden Kulturkreises geschätzt werden, kann man als »Tugenden« oder auch »Werte« bezeichnen. Neben Konfrontation und Selbsterkenntnis geht es um Werte wie Anteilnahme und Abgrenzung, Direktheit und Takt, Selbstbehauptung und Hingabe, authentische Begegnung und Rollenklarheit, Behütung und Herausforderung. Es ist kein Zufall, dass es sich hierbei jeweils um Gegensatzpaare handelt.

Schon Aristoteles fragte in seiner *Nikomachischen Ethik* danach, welche Charaktereigenschaften des Menschen zu einem glücklichen Leben beitragen, und seine Resultate entsprechen – trotz einiger Unterschiede in den Voraussetzungen, Fragestellungen und Zielen und trotz der mehr als zwei Jahrtausende, die uns von ihm trennen – in einem überraschend großen Maße den Erkenntnissen und Empfehlungen der modernen Kommunikationspsychologie. Andererseits müssen wir Aristoteles aber auch aus seiner Zeit heraus verstehen. Wir haben es also auch beim Interpretieren mit zwei »Tugenden« oder »Werten« (Gegenwartsbezug und Wahrung des historischen Abstandes) zu tun, die, wie die zuvor genannten kommunikationspsychologischen Werte, in einem Spannungsverhältnis zueinander stehen. Und auch Aristoteles selbst analysierte solche Spannungsverhältnisse: Seine Mesotes-Lehre (griech.»Mitte«) handelt vom Ausbalancieren der wünschenswerten Charaktereigenschaften.

Allgemein ging es Aristoteles mit seiner Ethik um die vollkommene Form des menschlichen Lebens. In ihr wird das höchste erreichbare Gute, das letztlich Gewollte, verwirklicht. Aristoteles setzte es mit dem Glück gleich. Aber »das Glück« ist nur eine Worthülse, unter der verschiedene Menschen Verschiedenes verstehen. So ist auch das menschliche Handeln überhaupt, das Wertesetzen und Werteverwerfen, dermaßen differenziert und veränderlich, dass darüber, wie Aristoteles schmerzlich bemerkte, kaum exakte Erkenntnisse auszumachen sind. Es gibt, so stellte er fest, nicht das Gute »an sich«, sondern immer nur das konkrete Gute für die jeweilige Person und Situation. Dementsprechend ging er in seiner Untersuchung so vor, dass er übliche Wert- und Normvorstellungen aufgriff und systematisierte. Aber er beschrieb nicht die Sitten und moralischen Anschauungen seiner Zeit in der Fülle der Erscheinungen. Viel stärker als sein empirisches war sein analytisches und logisches Interesse daran, die Aussagen über das Gute zu zergliedern und die ethischen Prinzipien zu bestimmen. Auf diese Weise zwang er das Chaotische der menschlich-allzumenschlichen Wirklichkeit in das Raster von Allgemeinbegriffen.

Obwohl Aristoteles sich mit der Entwertung des Begriffs vom »Guten an sich« gegen die Ideenlehre Platons wandte, geriet seine eigene Darstellung des vorfindlichen Guten doch derart idealtypisch, als handle es sich um platonische Ideen, die man kontemplativ in ihrer Wesenheit erschauen kann. So beziehen sich auch Aristoteles' Beschreibungen auf Zustände der Vollkommenheit, die sich der Mensch vor sein geistiges Auge stellen soll, um ihnen entsprechend zu handeln. Wie Platon wollte Aristoteles hinter der unendlichen Vielfalt des Vergänglichen allgemeine, zeitlose Formen des Seins ausmachen. Während aber Platon das Verhältnis von Seiendem und Sein als Differenz und utopisches Streben darlegte (der »Aufstieg aus der Höhle«), waren für Aristoteles die Tugend und das Glück etwas empirisch Vorfindliches, dessen Funktionsweise es zu ergründen galt.

Eine allgemeine metaphysische Voraussetzung der aristotelischen Lehre von den Vortrefflichkeiten (Tugenden) besteht in seiner Annahme der »Entelechie« (griech.: »das Sich-im-Ziel-Haben«) alles Seienden: Wie beispielsweise das Wesen der Pflanze darin besteht, sich in Keim, Blüte und Frucht zu verwirklichen und zu vollenden, so entfaltet sich die Form eines jeden Seienden in seinem Stoff. »Entelechie« ist das aktive Prinzip, die Energie, die alle Erscheinungen als Verwirklichungen ihres Wesens strukturiert. Vor diesem Hintergrund formulierte Aristoteles die Ausgangsfrage nach dem höchsten Gut als die nach der bestmöglichen Erfüllung der dem Menschen eigenen Aufgabe. Das Glück besteht demnach in der vortrefflichen Erfüllung der menschlichen Aufgabe. Dass »der Mensch« überhaupt eine *Aufgabe* habe, ist nur im Rahmen einer Philosophie der Entelechie plausibel. Aristoteles bediente sich hier zur Erklärung einer Analogie: Die Leistung eines Handwerkers ist dann vortrefflich, wenn sein Werk einer vorgesehenen Aufgabe voll und ganz genügt. Ebenso gibt es eine »dem Menschen« eigentümliche Leistung.

Die Entelechie des menschlichen Körpers, der sich in seinen Tätigkeiten verwirklicht, ist die Seele. Diese ist in sich dreifach gegliedert in einen vegetativen, einen empfindend-begehrenden und einen rationalen Teil. Der erste Seelenteil ist allem Lebenden gemeinsam, der zweite Teil auch den Tieren, der rationale Seelenteil zeichnet dagegen allein den Menschen aus. So ist das oberste dem Menschen erreichbare Gut ein Tätigsein der Seele gemäß der ihr wesenhaften Leistung der Vernunft. Aristoteles teilte nun die Vortrefflichkeiten der

Vernunft in zwei Bereiche auf: die des Verstandes (»dianoe-tische Tugenden«) und die des Charakters (»ethische Tugen-den«). Die Vortrefflichkeit des Verstandes besteht in Wissen, Intelligenz, Urteilsvermögen und wird durch Lernen erreicht, die Vortrefflichkeit des Charakters besteht in der Formung und Beherrschung unserer Naturanlagen, also unseres sinn-lichen Strebevermögens, unserer Emotionen, und wird durch Gewöhnung an die Vorgaben der Vernunft erreicht. Eine Viel-zahl gleichgerichteter Einzelhandlungen schlägt sich schließ-lich als gefestigte innere Grundhaltung (*hexis*) nieder, die wiederum entsprechende moralische Entscheidungen und Handlungen generiert. Es sind nun diese »ethischen Tugen-den«, für die Aristoteles seine Theorie des mittleren Maßes (*mesótês*) entwickelte.

Bei der Bezeichnung »ethische Tugend« berief sich Aristoteles – etymologisch zutreffend – auf die Doppelbedeutung von »Ethos« als »Sitte« und »Gewöhnung«. Die »ethischen Tugen-den« beziehen sich auf den durch Erziehung geformten Um-gang des Menschen mit seinen Körperbedürfnissen, Emotio-nen und Gefühlen. Aristoteles hatte eine sehr differenzierte, überraschend modern anmutende Vorstellung von der Wir-kungsweise der Gefühle. Er sah sie als komplexe Erlebnis- und Handlungsformen an, in die Körperempfindungen, An-schauungen und Bewertungen eingehen. So war auch sein Begriff von Tugend, anders als der Platons, nicht bloß mit richtiger Erkenntnis gleichzusetzen. Ein moralisches Sollen ohne Resonanz der Gefühle und Dispositionen musste ent-weder ohnmächtig bleiben oder Handlungen ohne eigentlich moralischen Wert herbeiführen: »Von ›sittlich wertvoll‹ [kann] überhaupt nicht die Rede sein [...], wenn jemand keine Freude an edlem Handeln hat: niemand kann als gerecht bezeichnet werden, wenn er nicht Freude hat an gerechtem Tun, und niemand als großzügig ohne Freude an großzügi-gem Handeln.«[3] Aristoteles machte das richtige moralische Urteilen und Handeln somit von der richtigen emotionalen Verfassung abhängig. Was aber hieß hier »richtig«?

Er bestimmte das Maß des Richtigen zunächst als Vermeidung eines Zuwenigs und eines Zuviels. Hier griff er, wie so oft, auf Beispiele aus dem Bereich der Medizin und der Gesundheitspflege zurück: Zu wenig Sport schädigt den Körper, aber auch zu viel Sport, zu wenig Nahrung schädigt ebenso wie zu viel Nahrung. Daran wurde zugleich deutlich, dass das Richtige nicht einfach ein arithmetisches Mittel zwischen zwei Größen war, denn was das Zuviel war, ließ sich ja nicht quantitativ genau bestimmen. Was nun das richtige Maß der Gefühle ist, muss unter mehreren Gesichtspunkten beurteilt werden: »Zur rechten Zeit zu empfinden und den rechten Situationen und Menschen gegenüber sowie aus dem richtigen Beweggrund und in der richtigen Weise – das ist jenes Mittlere, das ist das Beste, das ist die Leistung der sittlichen Tüchtigkeit.«[4] Emotionen wie Angst, Mut, Begehren, Zorn, Mitleid sind an sich moralisch neutral, ihr jeweiliger Ausdruck kann aber situationsangemessen oder -unangemessen sein. Genau darauf beziehen sich die »ethischen Tugenden«. Situationsangemessenheit beurteilen und herstellen zu können erfordert die eigentümliche Leistung der praktischen Urteilskraft (*phronêsis*). Aristoteles hatte hier ein Abwägen im Sinn, durch das eine Entscheidung reifen konnte, wobei auch zu berücksichtigen ist, was in unserer Macht steht und was nicht. Wesentlich für die Urteilskraft ist es außerdem, zumindest eine ungefähre Vorstellung von einem gelungenen Leben und dem, was dabei wertvoll ist, zu haben. Wenn man beispielsweise in Extremsituationen seine Gesundheit oder sein Leben aufs Spiel setzt, wird man nicht nur Risikofaktoren abwägen, sondern das jeweilige Handlungsziel einordnen und beurteilen, ob es den Einsatz wert ist.

Dass das Mittlere nicht die arithmetische Mitte (oder das, was man gemeinhin »Mittelmaß« nennt) meinte, machte Aristoteles auch durch Vergleiche mit Kunstwerken oder handwerklichen Produkten deutlich. Gute Kunstwerke sind in sich ausgewogen, man möchte ihnen nichts hinzufügen oder wegnehmen. Oder um beispielsweise einen Stuhl herzustellen, muss man Holz genau in der richtigen Menge und Anordnung verarbeiten. Was dabei das »richtige Maß« ist, bemisst sich an Funktionalität und ästhetischer Qualität des Gegenstands. In aristotelischer Sicht ist der Mensch mit einem solchen Werk zu vergleichen, wobei er selbst sein eigener Schöpfer in dem Sinne ist, dass er mit dem Material seiner Anlagen, Strebungen und Gefühle seine ihn selbst betreffenden Zielvorstellungen in Haltungen umsetzt und durch entsprechende Handlungen verwirklicht.

Wir gewinnen die gesuchte Mitte durch die entsprechenden Abstände zu verwandten, aber negativ bewerteten Gefühlszuständen. Damit haben wir die Mitte in zwei Dimensionen zu bestimmen: in der des *Maßes* eines Zuviels oder Zuwenigs einer bestimmten Gefühlsqualität und der des *Wertes* oder Unwertes:

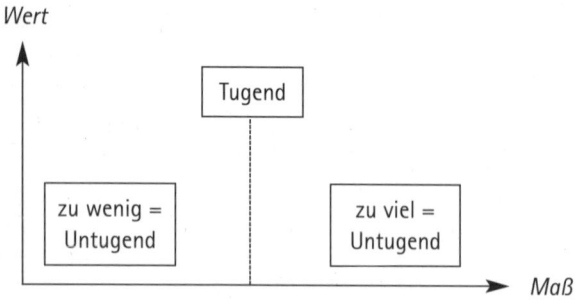

In diesem Sinne bestimmte Aristoteles die Tapferkeit als Mitte zwischen Feigheit und sinnlosem Draufgängertum, die Besonnenheit als Mitte zwischen Zügellosigkeit und Stumpfsinn und so weiter, wobei Tapferkeit und Besonnenheit sich durch ihren moralischen Wert von den jeweiligen Negativwerten abheben.

Ein nahe liegender Einwand gegen diese Tugendlehre ist der folgende: Gibt es nicht viele Affekte, bei denen unter moralischen Gesichtspunkten nicht von einem Zuwenig oder Zuviel die Rede sein kann, sondern bei denen eher ein Garnicht angebracht ist? Aristoteles räumte selbst diese Grenze der Brauchbarkeit seines Konzepts ein, indem er Affekte und Handlungen wie Schadenfreude, Schamlosigkeit, Neid, Mord anführte, die schon in sich negativ bewertet sind. Man kann diese Grenze, über Aristoteles hinausgehend und mit Rückgriff auf moderne Theorien der Emotionen, genauer derart bestimmen, dass das Konzept der Mitte zunächst auf denjenigen Kernbereich von Emotionen zu beziehen ist, der anthropologisch universell ist und an sich moralisch weder gut noch schlecht ist – zu ihnen gehören Angst, Freude, Trauer, Wut, Ekel, Überraschung, Schmerz. Ob zum Beispiel Angst ehrbar oder schimpflich ist, kann, wie Aristoteles selbst betonte, nicht generell, sondern nur in Abhängigkeit vom jeweiligen Gegenstand der Angst und der Situation entschieden werden.

Darüber hinaus differenzieren und mischen sich nun die Emotionen im Rahmen von Sozialisation und Kulturentwicklung zu einer Vielzahl bestimmter Gefühle, die in unterschiedlichen Kulturen entsprechende positive oder negative Bedeutungen haben. Situationsunangemessene Gefühle haben oft, aber keineswegs immer, eigene Namen wie Tollkühnheit und Feigheit, Jähzorn und Phlegma. Von diesen kann es deshalb kein Zuviel oder Zuwenig geben, weil sie selbst schon Namen für ein Zuviel oder Zuwenig an Emotionen sind. Jedoch stehen sie innerhalb kulturell typischer Handlungssituationen in einem Spannungsverhältnis zu anderen typischen Gefühlen. Dies trifft auf die meisten der aristotelischen Beispiele zu. So nennt er etwa die Tugend der Großzügigkeit, die innerhalb einer bestimmten kulturellen Konvention des Umgangs mit Geld und Gut gefordert ist und gegen die Untugenden der Verschwendungssucht und des kleinlichen Knauserns absticht.

Der Begriff des Mittleren bezieht sich, so ist festzuhalten, nur auf die eine (im Schema waagerechte) Dimension der ethischen Tugenden, nämlich die Rolle der Emotionen und Gefühle, während in der anderen (senkrechten) Dimension der Wertigkeit die Vortrefflichkeit, wie Aristoteles selbst sagt, kein Mittleres, sondern ein Äußerstes, nämlich gegenüber der Untugend, darstellt. Das heißt, eine Tugend ist in sich steigerbar, sie hat verschiedene Grade. Betrachtet man nun genauer, wie Aristoteles die Tugenden selbst und die Situationen, in denen sie erforderlich sind, beschreibt, dann fällt auf, dass sie in einem Spannungsverhältnis zu anderen Tugenden stehen. An der Tugend der Tapferkeit erläutert er nicht nur ihre Abstände zu den Untugenden Feigheit (= zu viel Angst, unangemessene Angst) und Tollkühnheit (= zu wenig Angst, Gefühllosigkeit), sondern auch die mit der Tapferkeit verbundenen Fähigkeiten, Gefahren richtig einzuschätzen und mit der eigenen Angst richtig umzugehen. Diese beiden Tugenden sind »Besonnenheit« und »Standhaftigkeit«.

Nicolai Hartmann (1882–1950) hat deshalb richtig Aristoteles' Begriff der »ethischen Tugend« als Synthese jeweils zweier Werte beschrieben, die jeweils zwei Negativwerten als ihren Gegensätzen gegenüberstehen (in unserem Beispiel: die Standhaftigkeit der Feigheit und die Besonnenheit der Tollkühnheit).[5] Ein noch weiter entwickeltes Modell der Wertbeziehungen stammt von dem Psychologen und Schriftsteller Paul Helwig (1893–1963), der verdeutlicht hat, dass die Negativwerte in bestimmter Hinsicht als Übertreibungen und Vereinseitigungen der Positivwerte anzusehen sind.[6] Auf diese Weise kommt Helwig zu einem – mit Aristoteles' Entwurf gut zu vereinbarenden »Wertequadrat«, das sich hinsichtlich der Tapferkeit so darstellen lässt:

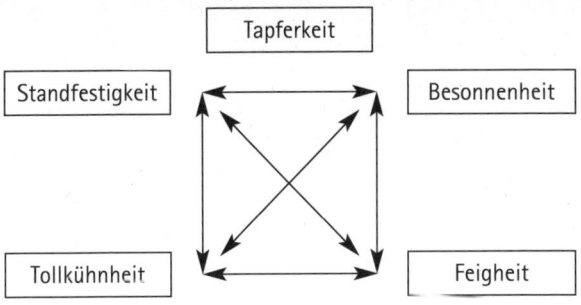

In diesem Modell stehen sich die negativen Werte »Tollkühnheit« und »Feigheit« als ein Zuwenig beziehungsweise Zuviel der Emotion Angst gegenüber. Die Diagonalen zu den positiven Werten »Besonnenheit« und »Standfestigkeit« bilden jeweils Gegensätze. Die senkrechten Linien symbolisieren die Übertreibungen oder Vereinseitigungen der Werte: Übertriebene »Besonnenheit« (Gefahrenbewusstsein) wird zu »Feigheit«, übertriebene »Standfestigkeit« (Gefühlsbeherrschung) zu »Tollkühnheit«. Das bedeutet: Jeder der beiden positiven Werte wird nach drei Seiten hin abgestützt und präzisiert: (a) nach der Seite seines Gegensatzes negativer Art, (b) nach der Seite seiner Deformation und (c) nach der Seite seincs ergänzenden Gegenstücks. Die letztere Wechselbeziehung ist erforderlich, damit die Steigerung eines Wertes nicht in die entsprechende Deformation abgleitet, also nicht »Standfestigkeit« zu »Tollkühnheit« und »Besonnenheit« zu »Feigheit« werden. Zusammengefasst: »Jeder Wert ist nur in ausgehaltener Spannung zu seinem positiven Gegenwert ein wirklicher Wert. Vor allem läßt er sich selbst nur steigern, wenn zugleich die Spannung zu diesem Gegenwert gesteigert wird, also wenn der positive Gegenwert entsprechend mitwächst.«[7]

Die Frage, ob alle Werte und »ethischen Tugenden« in gleicher Weise diesem Modell entsprechen oder ob es auch andere

Wertestrukturen gibt, muss hier offen bleiben. Jedenfalls hat sich das aristotelische Konzept bis heute als fruchtbar erwiesen. Um das kommunikationspsychologische Eingangsbeispiel noch einmal aufzugreifen: Das Ziel jener Übung lässt sich als Einübung in eine »ethische Tugend« verstehen, die, auch ohne einen besonderen Namen zu erhalten, in der Balance von Selbsterforschung und Konfrontation besteht:

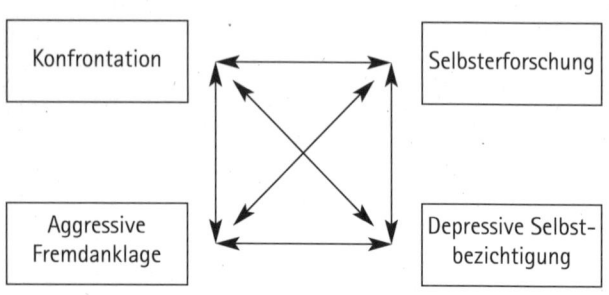

Das Konzept des Wertequadrats besagt nicht, dass ein gleichbleibender Zustand »zwischen« zwei Werten (hier also zwischen »Konfrontation« und »Selbsterforschung«) festgeschrieben werden soll. Es gibt durchaus Situationen, in denen die »ethische Tugend« in radikaler Konfrontation besteht, wie es auch andere Situationen gibt, in denen rückhaltlose Selbsterforschung gefordert ist. Die Kompetenz, das zu unterscheiden und anzuwenden, macht die aristotelische *phronêsis* aus. Eine Voraussetzung dieser Urteilskraft ist aber, dass die beiden sich ergänzenden Haltungen als psychische Möglichkeiten überhaupt zur Verfügung stehen. Wenn dies in einem konkreten Fall nicht zutrifft, dann schärft das Wertequadrat den Blick dafür, dass problematische Untugenden sich als Übertreibungen von Tugenden auffassen lassen. Sie können und sollen nicht ausgelöscht oder durch ihr Gegenteil überkompensiert werden, sondern unter Beibehaltung ihres positiven Kerns durch ihren positiven Gegenpol ergänzt werden.

Die Tugenden, die Aristoteles eingehender untersuchte, sind neben Tapferkeit solche wie Mäßigung, Freigebigkeit, Großzügigkeit, Seelengröße, Freundlichkeit. Unter historischem Blickwinkel ist unverkennbar, dass er bei der Auswahl und noch mehr bei der Art und Weise seiner Darstellung konservative Moralvorstellungen der Adelsschicht zur Blütezeit der griechischen Polis im Blick hatte und rechtfertigte,[8] Andere Tugenden, wie sie beispielsweise der Kyniker, Kosmopolit und Anarchist Diogenes von Sinope (ca. 400–323 v. Chr.) vertrat, der jede verfeinerte Lebensart ablehnte und äußerste Bedürfnislosigkeit zur moralischen Pflicht erklärte, kamen hier nicht vor. Das zeigt, dass die »ethischen Tugenden« des Aristoteles von der normativen Vorstellung einer Anpassung des individuellen Empfindens und Handelns an typische Situationsvorgaben geprägt sind, deren gesellschaftlicher Hintergrund nicht noch einmal moralisch infrage gestellt wird. Der Grund liegt darin, dass für Aristoteles die Tugenden letztlich in subjektiv unverfügbaren Werten der natürlichen Ordnung (*kosmos*) wurzeln. So erklären sich die zahlreichen Vergleiche zwischen ethischer Erfüllung und sachgerechtem Handwerk: »Sollte es [...] bestimmte Leistungen und Tätigkeiten für den Zimmermann oder Schuster geben, für den Menschen als Menschen aber keine [...]?«[9] Über die Realisierung der Tugenden entschied nicht ein wie weit auch immer autonomes Individuum, sondern die Funktionalität eines wohlgeordneten Sachzusammenhangs, der menschlichen »Natur«.

Augustinus – Woher kommt das Böse?

Ein sechzehnjähriger Student zieht mit seiner Clique in der Kleinstadt umher. Die Jugendlichen spielen, unterhalten sich, prahlen voreinander mit ihren Erfolgen bei den Mädchen, hecken Streiche aus. Spät in der Nacht kommen sie, etwas außerhalb der Stadt, an einem Birnbaum vorbei. Sie wissen sehr wohl, wem der Baum gehört. Sie schütteln ihn, so dass ein paar Früchte herunterfallen, beißen hinein – und sind enttäuscht: Der Geschmack der Birnen ist ebenso reizlos wie ihr Aussehen. Trotzdem kauen die Jugendlichen an ein paar Früchten herum. Was sie dabei genießen, ist nicht der Geschmack, sondern der Regelverstoß, der Diebstahl. Sie schütteln den Baum wieder und wieder, bis sie ihn ganz geplündert haben und Birnen in riesigen Mengen davontragen. Doch wohin mit der ungenießbaren Beute? Man kommt auf die Idee, sie den Schweinen vorzuwerfen, dann ist die ganze Aktion doch noch zu etwas nütze gewesen.

Sechsundzwanzig Jahre später erinnert sich Aurelius Augustinus (354–430) in seinen *Bekenntnissen* an diese Tat, an der er als Jugendlicher beteiligt war, und knüpft daran einige Gedanken, die mit der Kernfrage seines Buches zusammenhängen: Was ist das Böse und woher kommt es? Es sind keine rechtlichen Fragen, sondern moralische, die ihn am Birnendiebstahl interessieren, wiewohl diese beiden Bereiche damals nicht in der heutigen Form unterschieden wurden. Der Tenor seiner Beschreibung ist der der Selbstbezichtigung und Reue. Augustinus rückt den insgesamt doch eher harmlosen Jugendstreich des Birnendiebstahls in die Nähe gravierender Verfehlungen, wie der Verführung einer verheirateten Frau zum Ehebruch, wovor ihn seine Mutter, eine strenge Christin, eindringlich gewarnt hatte. Nichts aber wäre dem Jugendlichen peinlicher gewesen, als vor der Clique zugeben zu müssen, dass er, der selbst nicht getauft war, der Mutter tatsächlich gehorchte. Also rühmte er sich so mancher Verfehlungen, die er gar nicht begangen hatte. Denn in der Gruppe der Gleichaltrigen genoss derjenige am meisten Ansehen, der am mutigsten und weitestgehenden die von den Erwachsenen auferlegten Regeln brach.

Mögliche Entschuldigungen für den Diebstahl lässt Augustinus nicht gelten: Selbstverständlich hatte der Jugendliche ein Unrechtsbewusstsein. Dazu bedurfte es gar keiner Erinnerung an eine entsprechende religiöse oder rechtliche Norm, entspricht doch das Diebstahlverbot bereits einem natürlichen Gefühl: »Welcher Dieb ertrüge denn gelassen einen Diebstahl?«[1] Darüber hinaus lag dem Birnendiebstahl keine materielle Not zugrunde, ja nicht einmal ein dringendes Bedürfnis, und Birnen gab es auch anderweitig, sogar bessere. Insgesamt schreibt Augustinus sinnlichen Genüssen jeder Art – vom Körperschmuck über die Sexualität bis hin zum Verlangen nach Ansehen, Macht, Freundschaft, überhaupt dem Lebenswillen – eine so große Macht über das Verhalten zu, dass er eine vernünftige und moralisch akzeptable Bedürfnisbefriedigung als ein durchaus schwieriges Unterfangen ansieht. Hierbei greift er auf die klassisch-antike Vorstellung des »rechten Maßes« zurück. Keineswegs verdammt er jene Annehmlichkeiten an sich, aber er verurteilt die ungezügelte Neigung, ihnen zulasten des höchsten Gutes, nämlich Gottes, größeren Raum zu geben. Das Beunruhigende an jenem Birnendiebstahl ist für ihn nun, dass das sinnliche Verlangen, das wir üblicherweise als Motiv einer solchen Übeltat ansetzen, hier gerade nicht vorlag.

Stattdessen zeigt sich bei seiner Selbstprüfung zunächst ein doppeltes Motiv: »Ekel vor der Gerechtigkeit und der Sättigungstrieb der Sündhaftigkeit. [...] Sieh, nun soll dieses mein Herz dir [Gott] sagen, worauf es damals aus war, mir den Freibrief des Übeltäters zu erteilen, ohne daß es für meine Bosheit einen Grund gab, ausgenommen die Bosheit selbst. Sie war widerwärtig, ich aber liebte sie; ich liebte mein Verderben, liebte mein Fehl, nicht etwa den Gegenstand meines Fehls, sondern mein Fehl als solchen liebte ich.«[2] Augustinus konstatiert also ein Abgestoßensein vom Guten und ein Hingezogensein zum Bösen. Um die Abgründigkeit dieses Motivs möglichst drastisch darzulegen, konstruiert er sogar einen Vergleich mit dem berühmt-berüchtigten römischen Adligen Catilina, »einem wahnwitzigen und übermäßig grausamen Mann«[3]. Von diesem berichteten die Geschichtsschreiber die übelsten Mordtaten, wobei Augustinus allerdings hierbei als tiefstes Motiv das Streben nach Ehre, Macht und Reichtum unterstellt. Das ist zwar nicht ganz stringent, denn warum sollte ein Catilina nicht zur hemmungslosen Bosheit ohne vernünftigen Grund und nützlichen Zweck, nur um ihrer selbst willen, in der Lage sein, wenn schon ein harmloser Jugendstreich diesen menschlichen Abgrund offenbarte. Aber als ausgebildeter Rhetor benutzt Augustinus das Bild Catilinas, um sich selbst als abgründig verworfen und Gottes Gnade umso größer darzustellen.

Sieht man einmal von den besonderen Fällen des grausamen Catilina oder des jugendlichen Birnendiebes ab und schält den begrifflichen Kern der Beschreibungen heraus, dann ist festzustellen: Es geht Augustinus um den Gegenpol zum moralisch Guten, den man als Übelwollen ohne Berechnung eines eigenen Vorteils bezeichnen kann. Das Böse ist hier nicht Mittel zum Zweck der Erlangung eines äußeren Gutes (Ehre, Macht, Reichtum oder der sinnliche Genuss von Birnen), sondern Selbstzweck. Augustinus glaubt, man könne es schon bei Säuglingen beobachten: »Ich habe einen eifersüchtigen kleinen Jungen gesehen und genau beobachtet: Sprechen konnte er noch nicht, aber bleich und mit bitterbösem Blick starrte er auf den Jungen, der mit ihm gestillt wurde. [...] Kann man das Unschuld nennen – niemanden als Genossen zu dulden, wenn der Quell der Muttermilch reichlich, ja überreichlich fließt und der andere sie dringend braucht, weil er ausschließlich auf diese Nahrung für sein Leben angewiesen ist?«[4] Dieses reine Böse seines Motivs – theologisch interpretierte er es anderenorts als Ausdruck und Folge der »Erbsünde« – ist es, das den Autor der *Bekenntnisse* so tief verstört und ihn auch jenen Jugendstreich in eine hypothetische Nähe zu den schlimmsten Verbrechen rücken lässt: »Was hätte ich nämlich alles tun können, der ich sogar eine grund- und zwecklose Untat liebte?«[5] Dass es dazu nicht kam, dafür ist, so Augustinus, das gnädige Walten Gottes verantwortlich gewesen.

Mit diesem Resultat ist er freilich noch nicht zufrieden. Was war es, so fragt er, was den Jugendlichen an der Übeltat selbst anzog? »Hat das Unerlaubte, nur weil es unerlaubt war, diese Lust wecken können?«[6] In immer neuen Formulierungen stellt sich Augustinus diese quälende Frage. Die Anziehung, der seine Seele hier unterlag, muss von ganz anderer Art gewesen sein als alles andere, was sonst üblicherweise als Anziehung gilt. Denn dieser Diebstahl war, gerade in seiner relativen Harmlosigkeit, weder für die Klugheit noch das Gedächtnis noch die Wahrnehmung noch den Organismus anziehend. Auch die sonst so häufigen Selbsttäuschungen, die das Böse als gut erscheinen lassen, kamen nicht infrage. Schließlich schält sich eine dreifache Antwort auf die Frage heraus, warum das Böse selbst, ohne Versprechen eines Vorteils, anziehend wirkt: 1) Indem der Übeltäter das Unerlaubte sucht und tut, ahmt er auf eine verkehrte Weise Gott in dessen Allmacht nach. 2) Er liebt und sucht die Gemeinschaft mit seinen Freunden, und da diese Schlechtes im Sinn haben, führt die Übeltat zur gesuchten Befriedigung. Das Böse ist eine Folge der Anpassung an die Gruppe. 3) Er schämt sich, aber nicht wegen der Übertretung von Regeln, sondern davor, *nicht* schamlos zu sein. Die beiden letzteren Ursachen hängen aufs Engste miteinander zusammen, stellt doch die Scham für die Moralität nur den psychischen Aspekt der Anpassung an die Gruppe dar. So sind es letztlich zwei Gründe, die für Augustinus die Attraktion des Bösen bilden: eine falsche Identifikation mit Gott und eine falsche Identifikation mit anderen Menschen.

Augustinus betont die verstandesmäßig ungetrübte, willentliche Hinwendung zum Bösen. Damit nimmt er eine Gegenposition zur Auffassung Sokrates' und Platons ein, dass niemand freiwillig für sich das Schlechte wählen könne. Diese Philosophen hatten das moralisch richtige Handeln unmittelbar aus dem *Wissen* des moralisch Richtigen abgeleitet, ja mit diesem gleichgesetzt: Das Böse galt ihnen als das Nichtwissen des wahren Guten. Diese Antwort war Augustinus aufgrund seines Gottesbegriffs versperrt, wäre doch ein Gott, der zum Einzelnen spricht und sich um ihn sorgt, der ihm Vernunft gegeben hat, um das Gute zu erkennen, auch für die Verblendung und das Nichtwissen verantwortlich. Mit der griechischen Antike verband ihn allerdings noch die gleichsam eudämonistische (auf das individuelle Glück bezogene) Perspektive der Frage nach Gut und Böse. Hier wie dort war auch das nutzlose Böse nur im Rekurs auf ein grundlegendes Nutzenstreben des Menschen zu erklären. Während aber Sokrates und Platon in einem solchen Fall eine Selbsttäuschung des Übeltäters behaupteten, erweiterte Augustinus die Erklärung durch Nutzenorientierung um das Streben nach dem innerseelischen Gleichgewicht des Übeltäters. Der »Nutzen« des Bösen bestand nun in *Gefühlswerten*: einem quasi göttlichen Allmachtsgefühl sowie dem Gefühl der Anerkennung durch die Freunde. Der Bezug aufs Gefühl entspricht der Erfahrung des Gezwungenseins und Ausgeliefertseins des Handelnden an die Triebkräfte der Seele.

Jedoch fällt bei Augustinus' selbstquälerischer Motivsuche auf, dass er ein weiteres mögliches Motiv gar nicht erörtert: die Beziehung zum Geschädigten. Eigentümlicherweise kommt der bestohlene Besitzer des Birnbaums in seinen Überlegungen überhaupt nicht vor. Gerade hier aber wäre der Extremfall einer Übeltat ohne äußeren Nutzen zu suchen gewesen. Der Übeltäter fand nichts dabei, einen anderen zu schädigen, ja hatte vielleicht genau daran seine Freude. Wie Augustinus Catilina nicht Genuss am Schmerz des anderen als Motiv seiner Taten zuschreiben will, obwohl er ihn doch einen »grausamen Mann« nennt, so blendet er auch bei sich den Aspekt der Beziehung zum Geschädigten aus. Das Leiden des anderen kommt bei ihm nicht vor, stattdessen geht es bei der Übeltat nur um sein eigenes spirituelles Leiden. Insofern ist auch seine selbstkritische Motivsuche nicht von Egozentrik frei, wie auch sein Gott, an den er sich in seiner Zwiesprache der *Bekenntnisse* wendet, in erster Linie sein persönlicher Retter, der Garant seines spirituellen Glücks ist.

Die zentrale Frage der antiken griechischen wie römischen Ethik, die Frage nach dem wahren Glück des Menschen, war also auch für Augustinus noch leitend. Er suchte und fand den Ursprung des Bösen in der menschlichen Seele und begriff das Böse in erster Linie als Verlust für diese Seele selbst, nämlich als Verlust der Teilhabe an Gott. Augustinus vertrat einen Monismus des Guten, das er mit dem Sein gleichsetzte. Dementsprechend ist das Böse gar nichts substanziell Wirkliches, sondern ein Mangel an der Teilhabe am wahren Sein, an Ordnung, Harmonie und göttlichem Geist. So ist der Übeltäter selbst das erste und eigentliche Opfer seiner Tat, genauer: seines *Willens* zur Tat. Wenn die böse Tat eigentlich in einer Tätigkeit der Seele, einem falschen Wunsch besteht, dann kommt es letztendlich, das heißt: für Gott, weniger darauf an, was jemand tut, als darauf, was er zu tun begehrt und was er tun würde, wenn er nur könnte, wie er wollte.

Freilich, wenn nach Augustinus nicht die Handlung, sondern allein der Wille böse oder gut ist, dann kann auch eine moralkonforme Handlung in Wahrheit böse und eine (scheinbar) moralwidrige Handlung in Wahrheit gut sein. »Viele Handlungen, die den Menschen zwar verwerflich erschienen, sind […] durch dein [= Gottes] Zeugnis dennoch gebilligt worden, vieles, was von den Menschen gelobt wurde, wird aufgrund deines Urteils verdammt; denn oft verhält es sich mit dem äußeren Erscheinungsbild einer Handlung anders als mit der Gesinnung des Handelnden […].«[7] Die Menschen können nicht in die Seele anderer, ja nicht einmal vollständig in ihre eigene hineinschauen, dies vermag nur Gott, und deshalb ist ihm allein das letzte Urteil über die Moralität einer Handlung vorbehalten.

In psychohistorischer Perspektive kann man dies als einen entscheidenden Schritt der moralischen Verinnerlichung ansehen, als Erweiterung und Intensivierung des moralischen Zugriffs der Gesellschaft auf den Einzelnen. Zugleich lag darin aber auch, im Verhältnis zur dadurch abgelösten klassisch-römischen Moralauffassung, ein Stück Befreiung von solchem Zugriff. Denn diese ältere Moralauffassung hatte nicht das Motiv, sondern das Verhalten bewertet. Wurde beispielsweise eine Frau das Opfer einer Vergewaltigung – was im Zuge der Plünderung Roms durch die Westgoten im Jahre 410 häufig vorgekommen war –, so galt sie als geschändet, und ihre Selbsttötung entsprach dem überkommenen Tugendideal.[8] Indem Augustinus demgegenüber die eigentliche Sünde im Willen des Täters verortete, befreite er das Opfer, sofern es nur selbst keine innere Einwilligung zur Tat gegeben hatte, von den Anforderungen jenes verhaltensorientierten Ehrbegriffs. Die wesentlich unter seinem Einfluss erfolgte Verinnerlichung des Moralitätsbegriffs war für die gesamte Kulturgeschichte Europas höchst bedeutsam, was sich beispielsweise beim Vergleich mit traditionalistischen islamischen Kulturen feststellen lässt, die noch heute an einem Begriff von objektiver Familienehre festhalten.

Während die antike griechische und römische Philosophie die Vernunft als Organ der Erkenntnis und die daraus abgeleiteten Handlungsorientierungen in den Mittelpunkt ihrer Ethik gestellt hatte, ging es Augustinus, und ihm folgend dem gesamten christlichen Mittelalter bis hin zu Martin Luther (1483–1546), um den davon unterschiedenen Willen. Der Protestantismus brachte die von Augustinus thematisierte Frage des Willens, der allein für Gut und Böse entscheidend ist, erneut zur Geltung, während der Katholizismus mit und nach Thomas von Aquin (1224/25–1274) sich auf die aristotelische Kosmologie zurückbezog und sie zur theologischen Rechtfertigung der mittelalterlichen Ständegesellschaft umdeutete.

Luther, der selbst Augustinermönch gewesen war, nutzte als Reformator Augustinus' Auszeichnung des guten Willens, um die politische Autorität der Kirche und des Papstes ebenso wie die geistliche Autorität der weltlichen Herrscher infrage zu stellen. In Glaubens- und Gewissensangelegenheiten dürfe niemand bevormundet werden, da Glaube und Gewissen in einem unmittelbaren Verhältnis zu Gott stehen. »Über die Seele kann und will Gott niemand regieren lassen als sich selbst alleine.«[9] Nicht die guten Werke, sondern allein der Glaube und der gute Wille waren für Luther entscheidend.

Einen weiteren Höhepunkt dieser Aufwertung des Willens in der abendländischen Ethik stellte schließlich die Moralphilosophie von Immanuel Kant (1724–1804) dar. Seine *Grundlegung zur Metaphysik der Sitten* beginnt mit dem Satz, es gebe überhaupt nichts, »was ohne Einschränkung für gut könnte gehalten werden, als allein ein guter Wille«[10]. Denn dieser ist es, der darüber entscheidet, ob irgendein Mittel zum Guten oder zum Bösen eingesetzt wird. Kant verortete die moralische Verantwortlichkeit auf eine paradoxe Art in der Selbstbindung des an sich freien Willens an die moralische Pflicht. Dabei liegt Moralität nicht schon dort vor, wo der Mensch einer von außen auferlegten Pflicht gehorcht. Vielmehr ist der Wille, der natürlicherweise zum Eigennutz auch um den Preis des Schadens anderer neigt, allein dann gut, wenn er zu einer Handlung führt, die *um* der moralischen Pflicht *willen* erfolgt.

Augustinus stellt mit seiner Willenslehre gleichsam das Scharnier zwischen antiker und neuzeitlicher Ethik dar. Denn die Autonomie des Willens spielte in der antiken Ethik noch keine entscheidende Rolle. Der Wille war etwa bei Platon ein gegenüber der Vernunft durchaus untergeordnetes Seelenvermögen, und was für ihn eine vernunftgeleitete Handlung zu einer guten Handlung machte, war nicht der Wille des Handelnden, sondern die vernünftige Einsicht in das unveränderliche Wesen der Tugenden und des Guten. Die Frage nach dem Guten betraf zunächst das, was für den Einzelnen gut ist.

Was dieses aber ist, zeigt sich der antiken Ethik zufolge erst, wenn man die jeweiligen individuellen Strebungen in den umfassenden Zusammenhang der natürlichen oder göttlichen Ordnung, des »Kosmos«, rückt. Die theoretische Erkenntnis des Kosmos liefert die Einsicht auch in die Werte, die das Handeln bestimmen sollen. Ethisch richtiges Handeln wird in Analogie gesetzt zur Herstellung eines gut funktionierenden Gebrauchsgegenstandes: Wie man, um ein gutes Schiff zu bauen, die Regeln der Schiffsbaukunst beherrschen muss, so muss man, um ethisch gut zu handeln, die Tugenden kennen und befolgen. Demgegenüber zeigt sich bei Augustinus eine Kluft zwischen den Einstellungen des subjektiven Willens und dem Handeln beziehungsweise der objektiv beschreibbaren Welt. Über den moralischen Wert einer Handlung entscheidet nicht die Beschreibung der natürlichen Tatsachen, sondern allein der Wille, den letztlich nur Gott kennt. Die neuzeitliche Ethik ersetzt dann schließlich Gott (in dieser Funktion als Garant dafür, dass der subjektive, freie Wille zugleich moralisch gebunden ist) durch Gesellschaft, Menschheit oder die Form der Vernunft.

Noch in einer anderen Hinsicht bildet Augustinus einen Übergang zwischen den zwei Grundformen der Ethik, wie sie in der Antike und in der Neuzeit Gestalt annahmen. Indem er die Frage nach dem Ursprung und der Bedeutung des Bösen letztlich als Frage nach dem Seelenheil auffasste, stand er, wie bereits erwähnt, in der Tradition der antiken Ethik, die unter dem »Guten« das wahre Glück verstand. Dieser Frage nach dem Glück wurden dort alle anderen moralischen Fragen, so auch die nach den Pflichten gegenüber anderen Menschen, untergeordnet. So hatten die Sophisten die Bedeutung der traditionellen Moralvorstellungen relativiert und ihnen das Eigeninteresse und die Lust des Einzelnen als wahre und berechtigte Strebungen entgegengestellt. Platon und Aristoteles folgten ihnen darin, nur dass sie nun das Eigeninteresse als wohlverstandenes mit den Normen der Intersubjektivität gleichsetzten und postulierten, dass nur die Moralität das Leben auch zu einem glücklichen und gelungenen Leben mache. Diese Auffassung, die für die gesamte Antike maßgeblich blieb, setzte eine strikte Unterscheidung zwischen dem Anschein von Glück und dem wahren Glück voraus, eine Unterscheidung, die dann durch christliche Gottes- und Jenseitsvorstellungen noch einmal vertieft wurde.

Demgegenüber ist die neuzeitliche Ethik – sei es die sich auf die Bewertung der Handlungsfolgen konzentrierende utilitaristische Ethik, sei es die Pflichtethik des kantischen Typus – auf die Begründung intersubjektiver Rücksichten und Normen bezogen. Hinsichtlich des Glücks herrscht nun die Annahme vor, dass dieses etwas im Kern Subjektives sei: Man könne dem Einzelnen nicht aufgrund welcher Ordnungsvorstellungen auch immer vorschreiben, was er sich zum Inhalt seines Wollens und Glücksstrebens zu wählen habe. Objektiv verbindliche Regelungen ließen sich nur noch für die sozial erforderlichen *Begrenzungen* bei der Verfolgung von Einzelinteressen angeben. Diese Moralvorstellung entspricht dem modernen liberalen Recht, das ebenfalls darauf beschränkt ist, Interessen auszugleichen und Lebensverhältnisse zu sichern, aber darauf verzichtet, Lebensgestaltungen vorzuschreiben. Die Autonomie des Einzelwillens soll nur beschränkt werden, sofern dies der Sicherung der berechtigten Strebungen eines anderen Einzelwillens, also dem gerechten Austausch dient. Der freie Wille folgt dort, wo er sich moralisch selbst bindet, nicht einer vorgegebenen natürlichen Ordnung, sondern dem Prinzip Verantwortung, der Pflicht. In der Auffassung Kants ist die Erfüllung der moralischen Pflicht nicht wie in der Antike ein notwendiges Mittel zum Erreichen des Glücks, sie ist vielmehr Selbstzweck. Und die innere Einstellung des Handelnden, nicht das Resultat der Handlungen ist es, was diesen einen moralischen Wert gibt.

Ähnlich wie später Kant zwischen »empirischem« und »intelligiblem Charakter«, das heißt zwischen den naturhaften, sinnlichen Determinanten des Willens und der rein geistigen, vernünftigen Grundlage des moralischen Handelns unterschied, konzipierte schon Augustinus den Menschen als Bürger zweier Welten, einer sinnlichen und einer vernünftigen, wobei er allerdings die Letztere mit dem Reich Gottes gleichsetzte. Mit Blick auf Gesellschaft und Geschichte unterschied Augustinus zwischen »*civitas Dei*« (der Gemeinschaft Gottes beziehungsweise derjenigen, deren Streben auf Gott gerichtet ist) und »*civitas terrena*« (der weltlichen Gemeinschaft beziehungsweise derer, die nach Ansehen, Macht, Reichtum und sinnlichen Genüssen streben).[11] *Civitas Dei* und *civitas terrena* (oder auch: *civitas diaboli*, Gemeinschaft des Teufels) sind nicht unmittelbar mit geistlicher und weltlicher Macht gleichzusetzen, auch wenn Augustinus sie vielfach in Zusammenhang mit christlicher Kirche und heidnischen Reichen brachte. Aber sie bezeichnen auch Zugehörigkeiten von Menschen, die tatsächlich in Geschichte und Gesellschaft miteinander vermischt sind. Damit handelt es sich in demselben Sinn um ethische Klassifizierungen von Handlungen und Einstellungen, in dem schon die *Bekenntnisse* den Werdegang des jungen Augustinus als Wanderung von den Niederungen der *civitas diaboli* zu den Höhen der *civitas Dei* geschildert hatten. Hinsichtlich des Willens bedeutet diese Zugehörigkeit des Menschen, dass er zugleich unfrei und frei ist: Der menschliche Wille ist unfrei, denn er ist durch die Erbsünde gezeichnet, und daher hat der Mensch nicht die Freiheit, nicht zu sündigen. Damit er überhaupt etwas Gutes tun kann, muss ihm Gott in seiner Gnade dazu verhelfen. Gott gibt ihm erst die Möglichkeit, nicht zu sündigen, sowie die Freiheit, richtig zu handeln.

Die christliche Kirche des Mittelalters legitimierte ihre Doppelrolle als geistliche und weltliche Macht unter Berufung auf die Lehre vom Gottesstaat. Andererseits aber wirkte diese auch als Stachel, keine innerweltliche Autorität als letztendlich gültig anzuerkennen, die nicht der vernünftigen Prüfung standhielt. Damit stellte Augustinus die Weichen für die Entwicklung des ethischen Denkens bis in die säkularisierte Moderne hinein.

Die britische Aufklärung – Unter Wölfen oder:
Selbsterhaltung und moralisches Gefühl

Shir Khan, der lahmende Tiger, so erzählt Rudyard Kipling in seinem berühmten *Dschungelbuch*, riss zumeist nur Rindvieh, das für ihn leicht erreichbar war. Er griff außerdem Menschen an, die wehrlosesten aller Geschöpfe. Beides war durch das Gesetz des Dschungels verboten, und so verachteten die übrigen Tiere den Räuber, aber sie fürchteten ihn auch. Als der Tiger das Menschenjunge Mogli verfolgte, das gerade erst laufen konnte, stellten sich ihm die Wölfe in den Weg und nahmen Mogli in ihr Rudel auf, wo er aufwuchs. Nachdem der Leitwolf Akela zwölf Jahre lang das Rudel geführt hatte, war er schließlich zu alt geworden. Dem Dschungelgesetz folgend, wartete Akela in der Ratsversammlung der Wölfe auf einen Rivalen, der nach einem letzten Kampf an seine Stelle treten würde. Damit würde Mogli einen mächtigen Beschützer verlieren. Mogli jedoch hatte, beraten von seinem Freund Baghira, dem schwarzen Panther, von den Menschen das Feuer gestohlen. Das rettete ihn jetzt vor seinen Wolfsbrüdern, die von Shir Khan korrumpiert und aufgehetzt worden waren. Es entfremdete ihn allerdings auch endgültig von ihnen, so dass er zu den Menschen zurückkehrte.

Kipling schildert das Leben der Dschungeltiere in seinem 1894 veröffentlichten Kinderbuch als Spiegel- und Gegenwelt zum Leben der Menschen in den Dörfern. Die harten Gesetze des Dschungels sorgen dafür, dass die jagenden Raubtiere mit ihrem Stolz und ihrer Kraft letztlich in natürlicher Harmonie zusammenleben. Der Gesetzesbrecher Shir Khan bleibt ein Außenseiter, den am Ende Moglis gerechte Rache trifft. Den bekannten Satz, dass der Mensch dem Menschen ein Wolf sei (lat.: *homo homini lupus*), hätte Mogli entrüstet zurückgewiesen, wenn er denn verstanden hätte, wie er gemeint ist:

nämlich dass sich die Menschen zueinander egoistisch, hab-
gierig, grausam und böse verhalten. Denn bei aller Verführ-
barkeit der Wölfe hat Mogli vor allem ihren sozialen Zusammenhalt erfahren, der ihm das Leben gerettet hat. So hätte
er mit seinem Verständnis der Wolfsnatur jenen Satz bei seinem Abschied aus dem Dschungel sogar als Trost und Ermu-
tigung auf seinem Weg in die ihm unbekannte Menschenwelt
auffassen können.

Die Sentenz, dass der Mensch dem Menschen ein Wolf sei,
stammt aus der römischen Antike und wurde von verschiedenen Schriftstellern der Renaissance wieder aufgegriffen.
Bis heute berühmt gemacht hat ihn aber *Thomas Hobbes*
(1588–1679), der damit einen angenommenen Naturzustand
vor der Errichtung von Staaten kennzeichnete.

Kiplings von Natur aus gutes Wolfsrudel und Hobbes' von Natur aus böse Wölfe zeigen: Nicht nur in Kinderbüchern wird
Menschliches in die Natur projiziert. In beiden Fällen geht es
nicht um die Erkenntnis der Natur, sondern um die bildhafte
Beschreibung von menschlichen Eigenschaften. So scheint
es, als ob im Gewand des zivilisierten Menschen ein natürlicher Mensch steckt, sei es ein bei aller Härte des natürlichen
Lebens sozial gebundener und guter, sei es ein im Grunde
asozialer und böser Mensch. In der britischen Moralphilosophie des 17. und 18. Jahrhunderts spielt die Auseinandersetzung zwischen diesen beiden Auffassungen eine wichtige
Rolle. Je nachdem, ob der jeweilige Philosoph einer solcherart
optimistischen oder pessimistischen Anthropologie zuneigte,
begründete er die Moral entweder als natürliche Neigung zur
Sozialität oder als Schutz vor der natürlichen Aggression anderer. In beiden Fällen wurde mit einem Gegensatz von
menschlicher Natur und Kultur operiert. Aber wie auch immer diese Natur konzeptualisiert wurde, es verbarg sich darin
in Wahrheit doch nur eine andere Kultur.

Thomas Hobbes war einer derjenigen Frühaufklärer des
17. Jahrhunderts, an denen das Selbstverständnis der Moderne im Gegensatz zu einer traditional bestimmten Gesell-

schaft besonders deutlich wird. Zugleich stand er quer zu den starken Strebungen seiner Zeit nach politischer Freiheit und religiösem Individualismus. Er brach mit allen überkommenen Theorien der legitimen Herrschaft, die sich auf die Geschichte oder die Bibel stützten, und berief sich stattdessen auf die analytisch-rekonstruktive Methode der galileischen Naturwissenschaft, um in seinem Werk *Leviathan* das Postulat eines Herrschaftsvertrags zu entwickeln. Demzufolge stehen sich die Einzelnen ursprünglich feindlich gegenüber. Hobbes skizziert diesen »Naturzustand« als gnadenlosen Konkurrenzkampf, ja als »Krieg aller gegen alle«, wobei er offenbar einerseits die dem entwickelten Kapitalismus vorausgehenden Raubzüge und Kämpfe zur (von Marx später so genannten) »ursprünglichen Akkumulation des Kapitals«, andererseits die verheerenden religiösen und politischen Bürgerkriege seiner Epoche vor Augen hatte.

Der konstruktive Grundgedanke, den er diesen Erfahrungen entgegensetzte, war der einer Naturrechts- und Vernunftordnung, die er mittels einer Naturkausalität des menschlichen Strebens nach Selbsterhaltung, Macht und Gewinn erklärte. Dabei übertrug er die überkommenen theologischen Ordnungsvorstellungen einer absoluten Willkürmacht Gottes auf den Staat. Er konzipierte den Zustand eines gesellschaftlichen Friedens aufgrund eines Herrschaftsvertrags, den er aus dem rationalen Kalkül der Einzelnen ableitete, die ihre Selbsterhaltung gegen die entsprechenden Strebungen der anderen Individuen sichern mussten. Um ihr Leben zu bewahren, treten die Individuen ihre Souveränität an den absoluten Staat ab. Diesem »sterblichen Gott« räumte Hobbes zum Zweck der Friedenserhaltung absolute Macht über die Einzelnen ein. Darin lag freilich eine Paradoxie: Er gründete die Moral auf einen virtuellen Vertrag, den die Bürger frei miteinander geschlossen haben, sprach ihnen aber das Recht ab, die vereinbarten Normen je infrage zu stellen.

Hobbes begründete mit diesem Ansatz nicht, warum Menschen auch anders als eigennützig handeln sollten, vielmehr überschrieb er das moralische Gewissen des Einzelnen vollständig dem Staat. Diese autoritäre Lösung der Interessengegensätze und Glaubenskonflikte befriedigte aber im Fortgang der gesellschaftlichen Entwicklung schon bald nicht mehr. Im letzten Viertel des 17. Jahrhunderts, vor dem Hintergrund einer inzwischen befriedeten bürgerlichen Gesellschaft, leitete *John Locke* (1632–1704) das moralische Verhalten bereits aus den alltäglichen sozialen Kontroll- und Korrekturmechanismen ab. Locke gab der späteren Aufklärung des 18. Jahrhunderts entscheidende Impulse. Seiner Version der Lehre vom Gesellschaftsvertrag zufolge delegierten die Einzelnen ihre auf Freiheit und Eigentum bezogenen Schutzrechte nicht an einen absoluten Monarchen, sondern an die Gesellschaft selbst.

Das kritische Hauptziel von Lockes Philosophie war der Nachweis, dass es, abgesehen von der Empfindung von Lust und Schmerz und der Fähigkeit des schlussfolgernden Denkens, keine angeborenen Ideen und Begriffe, also auch keine derartigen moralischen Prinzipien gebe. Denn wären diese wirklich angeboren, dann wäre all der Zweifel und Streit um sie, den Locke erlebte, unmöglich. Locke wollte damit nachweisen, dass die empirische Erkenntnis, in der die durch die Sinne vermittelten Erfahrungen vom Verstand zusammengeführt werden, ohne übernatürliche Hilfe für alle Bereiche zuständig sei. Den Bereich des Moralischen betrachtete er vor allem aus der Perspektive individueller Interessen und gesellschaftlicher Sanktionen, wobei er als stärkstes Regulativ der Moral die öffentliche Meinung annahm. Seine Ethik ist eine der bürgerlichen Wohlanständigkeit: der streng geachteten Konventionen, der Pflichterfüllung gegen Gott und Obrigkeit.

Seit Locke wird die ethische Debatte der Aufklärung vom Thema der Folgen und des Nutzens einer Handlung, vom Utilitarismus, durchzogen. Hatte sich bei ihm der grundlegende Bezugspunkt der Moral von der Vorstellung einer *absoluten* (sei es göttlichen, sei es staatlichen) Autorität hin zum Begriff der *bestehenden*, durch Konventionen geregelten Gesellschaft verschoben, so sollten die späteren Aufklärer diesen Bezug zunehmend als Wohl einer *künftigen* Gesellschaft auffassen. Als moralisch gut sollte dann gelten, was zum Fortschritt beitrug. Gemessen am Prinzip des zu verwirklichenden Gemeinwohls erwies sich die bestehende Gesellschaft in vielfacher Hinsicht als mangelhaft. Daraus resultierte der reformerische Impuls der späteren utilitaristischen Aufklärung.

Seit Beginn des 18. Jahrhunderts wurden religiöse Bekenntnisse in aufgeklärten Kreisen zunehmend unmodern, und konfessionelle Gegensätze wurden nicht mehr besonders ernst genommen. Ein Schüler Lockes, Anthony Ashley Cooper, der *Dritte Earl of Shaftesbury* (1671–1713), durchschaute den Nutzen, den die religiösen Sekten aus ihren Kämpfen gegeneinander für ihren inneren Zusammenhalt zogen, belegte sie mit mildem Spott und empfahl guten Humor als Gewähr gegen Schwärmerei und für wahre Religion. Hatte man im 17. Jahrhundert das moralische Heil von »oben« erwartet, von der geistlichen, geistigen oder staatlichen Autorität, die der Not und Schuld der menschlichen Natur mit Disziplin und Ordnung entgegentreten sollte, so war diese Ordnung nun, im 18. Jahrhundert, zu einer drückenden Last geworden, von der es sich zu befreien galt. Das moralische Heil wurde jetzt eher von »unten« erwartet, von der Natürlichkeit, in deren Namen man gegen die Verderbtheit, Schwelgerei und Tyrannei der herrschenden Institutionen zunehmend Einspruch erhob.

Man suchte nach der »natürlichen Religion«, die, frei von Dogmen und Traditionen, als natürliche Moral fungierte. Damit einher ging eine Rehabilitierung des Gewissens als legitimer moralischer Instanz. Hatten die Aufklärer des 17. Jahrhunderts das individuelle Gewissen als moralisch höchst unzuverlässig, ja streitstiftend angesehen und daher auf staatliche und gesellschaftliche Sanktionen gesetzt, so erfolgte nun seine Wiedereinsetzung als Triebfeder der Moral. In Form des moralischen Gefühls wurde es gar zum Ursprung und Ziel des gesellschaftlichen Zusammenhalts erklärt. Die Theorien des moralischen Gefühls, wie sie in der ersten Hälfte des 18. Jahrhunderts auftauchten, wurden in einer lang dauernden Kontroverse mit dem bürgerlichen Materialismus in der Nachfolge von Hobbes formuliert. Shaftesbury brachte als Erster einen *sense of right and wrong* zur Begründung der Moral in die ethische Diskussion ein und entwickelte damit einen alternativen Ansatz zu denen von Hobbes und Locke.

Während Lockes Moralauffassung noch von der puritanischen Theologie durchdrungen war, für die das göttliche Gesetz dem immanenten Streben der verworfenen menschlichen Natur entgegengesetzt war, war für Shaftesbury das richtige moralische Urteil nichts anderes als die innere Wahrnehmung der göttlichen Naturordnung, ganz so wie ein ästhetisches Urteil ein Ausdruck des Gefühls für äußere Proportionen sei. Shaftesbury wandte gegen Hobbes und die puritanischen Theologen gleichermaßen ein, dass sie das göttliche Wesen des natürlichen Menschen leugneten. Es gibt, so lehrte er, eine angeborene Hochschätzung des Wohlbefindens der Mitmenschen und eine natürliche Abneigung gegen das Laster. Gerade die Gefühle der Zuneigung seien die natürlichen, während die hobbesschen »wölfischen« Eigenschaften eher unnatürlich seien. Die affektive Disposition des Menschen sei auf die Pflege sozialer Beziehungen hin angelegt. Moralisches Handeln entspringe dann der Einsicht in die gesellschaftliche Natur des Menschen.

Diese Entdeckung des für das 18. Jahrhundert charakteristischen Themas des moralischen Gefühls verdankte sich zunächst dem Versuch, die für Antike wie Christentum selbstverständliche Idee einer vorgängigen Harmonie von Tugend und Glück auch unter Bedingungen des modernen Individualismus aufrechtzuerhalten. Der Begriff des Glücks wurde dabei zunehmend von metaphysischen Wahrheitsansprüchen entlastet und auf die Realisierung des jeweils als angenehm Empfundenen reduziert. Entsprechend musste auch das moralische Urteil auf ein solches Lustempfinden zurückgeführt werden, das sich freilich vom Lustempfinden des bloßen

Eigennutzens unterscheiden musste. Dieses war die Lust am Wohlwollen gegenüber anderen, die dem Menschen als geselligem Wesen zuzusprechen sei.

Shaftesburys am ästhetischen Empfinden orientierte Moralauffassung wurde von *Bernard Mandeville* (ca. 1670–1733) gründlich infrage gestellt. Dieser wies mit seiner *Bienenfabel* (mit dem Untertitel: *Private Laster, öffentliche Vorteile*) gegen Shaftesbury darauf hin, dass nicht ein natürliches Wohlwollen, sondern gerade die privaten Laster der Einzelnen Quelle des Allgemeinwohls seien. Er wollte den Menschen nicht im Zustand der Gnade betrachten, sondern so, wie er wirklich handle, nämlich durch und durch eigennützig. Damit fand er bei vielen zeitgenössischen Theologen Zustimmung, die so der korrumpierten menschlichen Natur weiterhin die göttliche Gnade zukommen lassen konnten, während ihnen ebendeshalb Shaftesburys »natürlicher« (das hieß diesseits der Erbsünde eingepflanzter) *sense of right and wrong* verdächtig bleiben musste. Im Übrigen wirkte Mandeville auf seine Zeitgenossen ebenso anstößig wie Hobbes. Sein Buch forderte viele Kritiker heraus und erreichte nicht zuletzt deshalb zahlreiche Auflagen.

Mandeville blieb dem puritanischen Tugendbegriff, der vom Menschen die Selbstüberwindung seiner naturhaften Bestimmtheit forderte, insofern verhaftet, als er das Streben nach Eigennutz als »Laster« begriff. Indem er sodann aber in paradoxer Einstellung das Vorteilsstreben der Einzelnen geradezu mit einer neuen moralischen Eigenwürde ausstattete, rechtfertigte er die sich rasch entwickelnde frühkapitalistische Gesellschaftsform auch hinsichtlich ihrer Schattenseiten. Er brachte den Besitzindividualismus ungeschminkt zum Ausdruck und widersprach damit krass dem harmonistischen Idealbild, das die Gesellschaft von sich selbst hatte. Darüber hinaus deckte er, Schopenhauer, Nietzsche und Freud vorwegnehmend, Selbsttäuschungen der Ethik auf, indem er das Moralische, sofern er es überhaupt als bestehend anerkannte, auf eher trübe Quellen zurückführte und seinen Wert für Gesellschaft und Kultur in Abrede stellte. Sein Menschenbild war so negativistisch wie das von Hobbes, aber die Pointe seiner Ansichten bestand darin, gerade das Unmoralische des individuellen Vorteilsstrebens mit einem moralischen Wert höheren Grades auszustatten, der sich am gesellschaftlichen Nutzen bemaß.

Einer von Mandevilles Kritikern war *Francis Hutcheson* (1694–1746). Er verteidigte Shaftesbury gegen Mandeville und machte dabei den *moral sense* zum schulbildenden Begriff. Hutcheson zufolge gibt es neben der Wahrnehmung des »natürlichen« Guten, die dem der menschlichen Natur inhärenten Lust- und Vorteilsstreben folgt, eine ebenso elementare Wahrnehmung des moralisch Guten. Entsprechend nahm er zwei Grundmotive des Handelns an: Selbstinteresse und soziales Wohlwollen. Auch Hutcheson war der Ansicht, dass die menschliche Natur im Grunde gut sei. Er führte die Moral darauf zurück, dass die Menschen elementare Empfindungen und Bedürfnisse haben, die sie dadurch befriedigen, dass sie nach moralischen Regeln handeln.

Die Moral-sense-Ethik musste also dem Selbstinteresse nicht nur anthropologisch einen zentralen Stellenwert beimessen, sie musste es auch ethisch rechtfertigen. Die hobbesschen und mandevilleschen Einsichten waren nicht mehr aus der Welt zu schaffen, sondern nur noch zu relativieren. So lässt sich die Moralphilosophie der britischen Aufklärung des 18. Jahrhunderts insgesamt als Versuch auffassen, jeweils einen Standort zwischen den Extrempositionen Hobbes und Shaftesbury zu finden beziehungsweise die angemessene Antwort auf Mandevilles Shaftesbury-Kritik zu geben. Daraus ergaben sich die Hauptthemen ihres Diskurses: Sind moralische Handlungen durch die rationale Einsicht in moralische Begriffe und Prinzipien begründet oder werden sie durch die Erfahrung gebildet? Ist das Moralische aus dem wohlverstandenen Eigeninteresse der Einzelnen abzuleiten oder gibt es originär soziale Gefühle als eine davon unabhängige Quelle der Moral?

Die Vorstellung, dass moralische Ideen einer strengen Beweisführung wie in der Mathematik zugänglich seien, durchzieht zahlreiche Ansätze der Aufklärung. Dabei orientierte man sich zunächst noch an antiken und christlichen Konzepten einer objektiv-überindividuellen Vernunft, während später eher die methodische Erkenntnis nach dem Vorbild der Naturwissenschaften maßgeblich war. Shaftesbury hatte den Moralsinn als Fähigkeit zu einer auf Erkenntnis, Tugend und Weltenharmonie bezogenen Selbstreflexion verstanden, während Hutcheson ihn auf ein Vermögen der sittlichen Einsicht einengte. Er schloss von der manifesten Tatsache eines unmittelbaren Wahrnehmens des moralisch Richtigen auf den *moral sense* als eine verborgene Qualität. Dieses moralische Organ war also bei Hutcheson nichts empirisch Auffindbares, sondern das theoretische Konstrukt eines inneren Organs in Analogie zur äußeren Wahrnehmung.

Hutcheson entwickelte verschiedene Berechnungsformeln, mit denen er den moralischen Wert einer Handlung in Abhängigkeit von der Quantität des Wohlwollens und verschiedenen anderen Parametern zu bestimmen suchte. In diesem Zusammenhang formulierte er bereits 1725 den auf den späteren Utilitarismus vorausweisenden Satz: »Diejenige Handlung ist die beste, die das größte Glück der größten Zahl zeitigt, die schlechteste ist die, welche in gleicher Weise Unglück verursacht.«[1] Hutchesons ethischer Kalkül scheiterte allerdings daran, dass er sich nicht nur auf beobachtbare Handlungsfolgen, sondern auch auf kaum messbare subjektive Motive und Empfindungen bezog. In späteren Auflagen seines Buches ließ er die entsprechenden Passagen wegen eingestandener Nutzlosigkeit fort.

Gegen Hutchesons Moralitätskriterium des größten Glücks für die größte Zahl führte *Joseph Butler* (1692–1752) als unakzeptable Konsequenz daraus ebendas an, was Mandeville positiv behauptet hatte: dass nämlich mit dem Glück aller auch individuell Unmoralisches gerechtfertigt werden könnte. Außerdem machte er ein weiteres zentrales Argument gegen den Utilitarismus geltend, nämlich dass die zukünftigen Folgen unseres jeweiligen Handelns zu unbestimmt seien, um dieses in der Gegenwart zu rechtfertigen. Weiterhin lehnte Butler die Entgegensetzung von Eigennutz und Wohlwollen ab und versuchte, beide im Begriff der vernünftigen Selbstliebe zu vermitteln.

Die stärkste Argumentation gegen den ethischen Rationalismus erfolgte durch *David Hume* (1711–1776), der einen radikalen Empirismus vertrat. Für ihn war Hutchesons Konstrukt des *moral sense* unakzeptabel. Er sprach stattdessen – wie dann auch Adam Smith (1723–1790) – von einem *moral sentiment* (und tatsächlich passt der deutsche Ausdruck »moralisches Gefühl« eigentlich erst hierher). Hume leitete das *moral sentiment* aus der allgemein menschlichen Struktur der *sympathy* ab. Damit meinte er die Fähigkeit des Einzelnen, sich selbst in der emotionalen Perspektive anderer wahrzunehmen und dadurch die moralischen Werte kommunikativ zu vermitteln. So ermöglichte die Sympathie die Orientierung am unparteilichen Standpunkt des Allgemeinwohls. Hume verlagerte das Prinzip des moralischen Urteils nachhaltig auf die Folgen einer Handlung und ihre gesellschaftliche Nützlichkeit, so dass in dieser ethischen Tradition der Utilitarismus dominierend und der ursprüngliche Begriff des *moral sense* zuletzt überflüssig wurde.

Hume fragte nach der Motivation zum moralischen Handeln. Da er mit Locke darin einig war, dass unter »Vernunft« das Ordnen von sinnlichen Wahrnehmungen zu verstehen sei, bestritt er die moralische Qualität von Vernunft. Als Quelle der Moral kamen dann nur Affekte infrage. »Die Vernunft ist nur der Sklave der Affekte und soll es sein; sie darf niemals eine andere Funktion beanspruchen als die, denselben zu dienen und zu gehorchen.«[2] Das moralische Mitgefühl richtet sich auf den Nutzen, den eine Handlung für andere hat oder erwarten lässt. Der Gesichtspunkt des Nutzens erforderte für Hume eine unparteiische Beobachtung des Wohls aller möglichen Betroffenen. Freilich wollte er nicht wahrhaben, dass er mit der Forderung der Unparteilichkeit tatsächlich die Grenzen der Affektivität in Richtung der Vernunft überschritten hatte. Stattdessen formulierte er den universalistischen Anspruch der Moral empiristisch um: Das moralische Gefühl »kann kein anderes sein als eine Sympathie mit dem Glück der Menschheit und eine Empörung über ihr Elend, da dies die verschiedenen Ziele sind, auf deren Förderung Tugend und Laster hinarbeiten«[3].

Humes Ethik wird in der Metaethik – die die Bedeutung ethischer Begriffe und Argumente untersucht – als »emotivistisch« bezeichnet, weil ihr zufolge moralische Urteile nichts anderes als der Ausdruck subjektiver Gefühle des Wohlwollens oder der Missbilligung sind und deshalb weder wahr noch falsch (im Sinne von Tatsachenbehauptungen) sein können. Hume bestand darauf, dass ein heimtückischer Mord wissenschaftlich als lediglich physisches Geschehen beschreibbar ist, während das, was wir eigentlich »heimtückisch« und »Mord« nennen, Namen für unsere subjektiv-emotionalen Bewertungen dieses Geschehens sind, die keinen kognitiven Gehalt haben. Geistesgeschichtlich vollzog er damit den endgültigen Bruch mit den Nachwirkungen der aristotelischen funktionalen Kosmologie, in der wertende und beschreibende Begriffe unlösbar ineinander verflochten gewesen waren. Er verstand moralische Werte nicht mehr als Aspekte natürlicher Funktionen, sondern als Beschreibungen des subjektiven Widerwillens oder der Empörung. Vor diesem Hintergrund kritisierte er die verbreitete Denkweise, bei der Begründung von moralischen Pflichten auf Tatsachenbehauptungen zu rekurrieren (»die Menschen hungern, also hilf!«). Aus der Tatsache, dass die Verhältnisse so und so sind, argumentierte er, kann man vernünftigerweise nicht schließen, was moralisch geboten ist; dies sagt uns nur das wertende Gefühl.

Gegen den ethischen Emotivismus lässt sich einwenden, dass der hier verwendete Emotionsbegriff der Funktion der Gefühle nicht gerecht wird. Er fällt hinter Aristoteles' Einsicht in das komplexe Wechselverhältnis von Antrieben, Gefühlen, Bewertungen, Ansichten, logischen Schlüssen, Motiven und Handlungen zurück und operiert mit einer unangemessenen Entgegensetzung von Gefühl und Verstand. Deshalb muss er den Tatbestand übergehen, dass wir moralische Urteile nicht einfach als subjektive Gefühlsäußerungen hinnehmen, sondern uns über sie mit Gründen auseinander setzen können. Vor allem aber treten moralische Urteile in den meisten Fällen mit dem Anspruch der Verallgemeinerung auf. Wenn der Ausdruck »heimtückischer Mord« tatsächlich nur, wie Hume meinte, »meine« subjektive Missbilligung eines physischen Geschehens ausdrückte, müsste ich auch akzeptieren, wenn andere diesem Geschehen mit Wohlwollen begegnen oder Ausnahmeregelungen konstruieren. Zum moralischen Urteil wie auch zum moralischen Gefühl gehört jedoch unabdingbar der Gedanke der Unparteilichkeit und Verallgemeinerbarkeit. Im Gegensatz zu Humes erkenntnistheoretischem Skeptizismus vertrat *Thomas Reid* (1710–1796), der Begründer der so genannten Schottischen Schule der Common-sense-Philosophie, die Ansicht, dass das menschliche Wissen auf selbstevidenten Erkenntnissen beruhe. Zu diesen zählte er auch die Grundlagen der Moral. »Daß ich nicht stehlen, nicht töten und nicht lügen darf, sind Sätze, von deren Wahrheit ich ebenso überzeugt bin wie von einem Satz aus dem Euklid.«[4] Reid leugnete nicht, dass bei moralischen Einstellungen immer auch Gefühle mit im Spiel sind, aber er beharrte darauf, dass moralische Urteile neben Gefühlen, die aufrichtig oder unaufrichtig geäußert werden können, auch Meinungen und Behauptungen enthalten, die wahr oder unwahr sein können. Diese Meinungen lassen sich, so Reid, dann als wahr erweisen, wenn es gelingt, sie durch logische Schlüsse aus den obersten Prinzipien der Moral abzuleiten.

Am Ende des 18. Jahrhunderts bündelte *Jeremy Bentham* (1748–1832) die in der britischen Aufklärung nahezu allgegenwärtigen utilitaristischen Elemente und erhob sie zum ethisch-politischen Programm. Wie schon Hutcheson versuchte er sich an einem Nutzen- und Glückskalkül, wobei er allerdings darauf verzichtete, die Motive des Handelns, über die sich Sicheres meist nur schwer ausmachen lässt, mit einzubeziehen. Bentham formulierte als Maßstab des moralisch Guten das Nützlichkeitsprinzip, »das schlechthin jede Handlung in dem Maß billigt, wie ihr die Tendenz innezuwohnen scheint, das Glück der Gruppe, deren Interessen in Frage stehen, zu vermehren oder zu vermindern«[5]. Im Nützlichkeitsprinzip sah er ein verlässliches und eindeutiges Kriterium der moralischen Bewertung, mit dem Ethik, Gesetzgebung und Politik zu rational kalkulierenden und empirisch verifizierbaren Wissenschaften werden sollten. Er war davon überzeugt, dass sich moralische Werte nicht unabhängig von Lust, Nutzen, Wohl und Glück begründen lassen und dass eine Ethik nichts taugt, die nicht an die Interessen der Individuen anknüpft.

Die verschiedenen moralphilosophischen Strömungen der britischen Aufklärung lassen sich als Antworten auf die gesellschaftlichen Herausforderungen ihrer Zeit verstehen. Sie reagierten auf jenen epochalen gesellschaftlichen Umbruch, in dem die traditionellen feudalen und religiösen Bindungen infolge der empirischen Naturwissenschaften, des expandierenden Handels, der protestantischen Innerlichkeit und des zentralisierenden Staates zerbrachen. Waren in der traditionalen Gesellschaft die geforderten moralischen Tugenden und das zu erlangende Glück des Einzelnen gleichermaßen an die Ausfüllung einer feststehenden, religiös abgesicherten Rolle innerhalb einer wesentlich statischen Form des gesellschaftlichen Lebens gebunden gewesen, so löste sich in der Moderne die Einheit von Moral und Glück auf. Alle moralisch relevanten Begriffe mussten neu bestimmt werden. Der von Wahrheitsansprüchen abgekoppelte Begriff des Glücks wurde individualisiert. Gleichzeitig wurde die Vernunft moralisch neutralisiert und auf eine wertfreie instrumentelle Rationalität reduziert, mit der Ursachen erklärt, Wirkungen prognostiziert und logische Verhältnisse bestimmt werden können. Die Natur wurde mechanistisch entzaubert und auf ein Material zur menschlichen Bedürfnisbefriedigung reduziert.

Angesichts eines zunehmend von Sinnansprüchen entleerten Naturbegriffs und eines auf Mittelkalkulation reduzierten Vernunftbegriffs wurde die Frage unabweisbar, wie Moral, nach Kants späterer Formulierung, »möglich« ist. Die Proklamierung des Moralsinns war deshalb so folgenreich, weil damit ein entscheidender Schritt in Richtung auf eine gesellschaftsimmanente und zugleich intrinsische Moral eingeleitet war. Die Instanz, auf die hin Moralität bezogen war, wechselte dabei von Gott über den allmächtigen Staat auf das Wohl der Gesellschaft, ja der Menschheit insgesamt.

Innerhalb dieser Sphäre lag das moralische Sollen freilich im ständigen Streit mit den Imperativen der Selbsterhaltung. Den Einzelnen wurde ein Beitrag zu der als perfektibel gedachten Gesellschaft abgefordert. Als treibende Kraft zur Verwirklichung des gesellschaftlichen Wohls hatte sich aber unweigerlich das Streben nach dem eigenen Vorteil gezeigt, das die Mitglieder der Gesellschaft untereinander entzweite. Demgegenüber kam im moralischen Gefühl der höhere Wert der gesellschaftlichen Einheit zum Ausdruck. Der Kampf der Bedürfnisse wurde von moralischen Ansprüchen entlastet, indem dem moralischen Gefühl zugemutet wurde, die Wunden zu heilen, die im gesellschaftlichen Kampf aller gegen alle geschlagen wurden – eine Anforderung, die offensichtlich eine Überforderung darstellte.

Das systematische Grundproblem aller empiristischen Ethikansätze besteht in der Reduktion der menschlichen Praxis auf Tatbestände, seien diese nun physischer, psychischer oder sozialer Art. Diese Moraltheorien lassen sich mit Mitteln der empirischen Wissenschaften – in der Gegenwart sorgt die Neurologie für entsprechendes Aufsehen – weiter entwickeln. Jedoch werden dadurch konstitutive Elemente des Moralischen ausgeblendet, insbesondere das Vermögen einer nicht nur feststellenden, instrumentellen und kalkulierenden, sondern auch nach Prinzipien wertenden Vernunft. Ohne Rekurs auf diese ist es unmöglich, ein »wohlverstandenes« Eigeninteresse zu verfolgen, wie es beispielsweise von Hume in Anspruch genommen wurde.

Eine besonders wirkungsmächtige Kritik der empiristischen Ethik wurde von Kant vorgebracht, der selbst anfänglich stark von der Moral-sense-Philosophie beeinflusst war. Er koppelte die moralischen Ansprüche radikal von der Verbindung mit dem natürlichen Sein und den Glücksansprüchen der Einzelnen ab. Obwohl oder gerade weil er in anthropologischer Hinsicht die Annahme einer prinzipiellen kausalen Erklärbarkeit des menschlichen Handelns teilte, beharrte er auf einem Freiheitsspielraum der Vernunft. Damit reagierte Kant auf die Schwächen der empiristischen Ethik. Diese hatte, trotz des Versuchs der Universalisierung über den Sympathiebegriff, kein Moralprinzip formuliert, das es erlaubt hätte, die faktischen Werteinstellungen bestimmter Gesellschaften ihrerseits einem Kriterium der Moralität zu unterwerfen. Zugleich drohte die Orientierung am allgemeinen Nutzen die Einzelnen zu bloßen Mitteln zu diesem Zweck zu degradieren. Und schließlich schien das determinierende Zusammenspiel von Affekten und kalkulierender Vernunft keinen Raum für Freiwilligkeit und Verantwortlichkeit zu gewähren, die doch in jedem moralischen Urteil immer schon vorausgesetzt werden. Angesichts dessen bestand Kants transzendentalphilosophische Wende in der Reflexion der nicht empirischen Bedingungen des empirischen moralischen Handelns. Diese »transzendentalen« Bedingungen sah er in der bei jedem besonderen moralischen Urteil immer schon vorausgesetzten Möglichkeit der selbstreflexiven Stellungnahme zu sich und im universalistischen Anspruch moralischen Urteilens.

Die Moralphilosophie der britischen Aufklärung hatte in ihren Debatten um Konventionalismus oder Universalismus, Gewissensansprüche oder Nutzenkalkül, Mitgefühl oder Eigeninteresse die moralischen Aporien der Individuen in der modernen Gesellschaft zum Vorschein gebracht, einer

Gesellschaft, die dem Einzelnen Würde verleiht und ihn als Zweck betrachtet, während sie zugleich davon lebt, dass er oft genug bloßes Mittel, Objekt ist. Bis heute bleibt die Aufgabe bestehen, diese vielfältigen Aspekte des Moralischen in ihren Grenzen und in ihrem jeweils relativen Recht schlüssig aufeinander zu beziehen. Der hobbessche »Wolf« ist so gegenwärtig wie der Kiplings. Bis heute und gerade in unserer Gesellschaftsform ist es, um moralische Ziele zu erreichen, erfolgversprechender und auch für alle Beteiligten entlastender, statt an das moralische Pflichtgefühl an das wohlverstandene Eigeninteresse zu appellieren. Hierin liegt die fortwirkende Aktualität von Hobbes' ethischem Egoismus. Mogli wird durch eine ihm unbegreifliche Anziehungskraft zur menschlichen Gemeinschaft hingezogen, und die Moral, der er dort folgt, ist ein Teil dieser Kraft. Das ist die Wahrheit der Moral-sense-Theorien. Dass aber die Moral sich nicht allein aus den Gesetzen der sei es egoistischen, sei es altruistischen Natur ergibt, ist Kants bleibende Einsicht.

In Chiapas, dem südlichsten Bundesstaat Mexikos an der Grenze zu Guatemala, lebt das Mayavolk der Tojolabales. Die Art und Weise, wie die Tojolabales die Wirklichkeit sprachlich und begrifflich erfassen, unterscheidet sich, so wird berichtet, tiefgreifend von der Weltsicht europäischer Völker. Auf einen Nenner gebracht, weisen Sprache und Denken der Tojolabales eine *Subjekt-Subjekt-Struktur* auf: Das Subjekt des Erlebens und Handelns steht immer einem anderen Subjekt gegenüber, mit dem es kommuniziert und für das es verantwortlich ist. So führen die Tojolabales ein »Leben ohne Objekte«[1]. In ihrer kosmischen Sichtweise bilden die Erde, die Gewässer, die Pflanzen, die Tiere, die Menschen, die natürlichen sowie die von Menschen hergestellten Dinge ein geordnetes Ganzes, eine große Familie des »Lebendigen«. Dagegen ist die uns vertraute begriffliche Ordnung der indoeuropäischen Sprachen durch eine *Subjekt-Objekt-Struktur* geprägt: Ein Subjekt beherrscht durch sein Begreifen oder Handeln ein (belebtes oder unbelebtes) Objekt.

Nun gibt es keine unmittelbar determinierende Beziehung zwischen sprachlichen und sozialen Strukturen. Intersubjektivitäts- und Anerkennungsverhältnisse zwischen Subjekten lassen sich offenbar auch »objekt«-sprachlich ausdrücken. Andererseits aber entwickeln sich Sprach- und Denkstrukturen auch nicht völlig unabhängig von sozialen Lebensformen. Das wird am kulturellen Selbstverständnis der Tojolabales als einer Gemeinschaft von »Gleichen« deutlich. Gleichheit bedeutet für sie nicht das Bestreben, alle gleich zu machen, sondern die Idee, dass ein jeder im sozialen Zusammenhang gleichermaßen eine Aufgabe hat, die ihn dazu bestimmt, jeweils zum Ganzen beizutragen. Nicht das Individuum, sondern die »Wir«-Gemeinschaft von Gleichen ist auch das

»Subjekt« von Freiheit. Dass die Tojolabales ein ausgeprägtes Freiheitsbewusstsein haben, hat sich Mitte der neunziger Jahre in ihren politischen Aufständen gegen die mexikanische Zentralmacht gezeigt. Diese Freiheit ist aber nicht die uns vertraute individualistische Freiheit, das Bestreben, sich möglichst unbeeinträchtigt von anderen selbst zu verwirklichen. Vielmehr steht der Freiheitsbegriff der Tojolabales in enger Relation zu dem Leben in der Gemeinschaft und dem Land, das bebaut wird und in dem die Vorfahren starben, die die Lebenden weiterhin begleiten.

Die Tojolabales-Kultur ist, trotz ihrer kosmischen Weltsicht, keine archaische Kultur in dem Sinn, dass sich ihre Gesellschaft über die naturwüchsigen Verwandtschaftsbeziehungen definieren würde. Sie hat ihre Wurzeln in der alten, schon vor der Epoche des Kolonialismus niedergegangenen Maya-Hochkultur, wobei allerdings auch noch der Kolonialismus viele Traditionen dieser Kultur zerstörte, nicht zuletzt die eigene Schrift. Nachdem sie seit mehreren Jahrhunderten in Kontakt, aber auch in Konfrontation zu der euro-amerikanischen Schriftkultur stand, hat sie selbst sich – der hier zitierten Untersuchung zufolge – zu einer »offenen« Gesellschaft entwickelt, die sich nicht über natürliche Merkmale der Abstammung bestimmt, sondern nur dadurch abgrenzt, dass sich ihre Mitglieder mit der tradierten Lebensweise identifizieren. Es ist also prinzipiell möglich, aus der Tojolabales-Gesellschaft auszuscheiden oder sich von außen her in sie einzugliedern.

Welche moralischen Orientierungen entsprechen einem solchen Weltbild? Welche Verfehlungen sind es, deren man sich dort, im formell katholischen Beichtritual, gegebenenfalls bezichtigt? Es sind »Sünden« wie diese: »Ich habe das Herdfeuer misshandelt, den Weg verschandelt, die ›tenamaste‹ – die drei Steine, auf die das Herdblech über das Feuer gelegt wird – missachtet, Maiskörner nicht aufgelesen, den Hund im Zorn geschlagen [...].«[2] Das Feuer, der Weg, die Maiskörner, der Hund sind für die Tojolabales Subjekte, auf deren Herz man hören muss, die Achtung und Verantwortung verlangen, damit die Gemeinschaft der Menschen untereinander und mit der Natur keinen Schaden erleidet.

Kontrastieren wir nun diese Sichtweise mit der der modernen westlichen Kultur. Dort wird die außermenschliche Natur in erster Linie als Ansammlung von Ressourcen gesehen, deren sich die Individuen als Besitzer zu ihrem Nutzen oder ihrer Freude bedienen. Aber es ist in unserer Gesellschaft auch üblich, andere Menschen als Objekte zu sehen und zu behandeln. Funktional ist dies insbesondere in Machtbeziehungen, in denen Individuen anderen Handlungsanweisungen geben, oder in Geldbeziehungen, in denen sie andere als Mittel zum Zweck wirtschaftlichen Handelns gebrauchen. Darüber hinaus hat das moderne Individuum generell gelernt, die Wirkung seines Handelns auf andere zu steuern und diese so für seine eigenen Zwecke einzusetzen. Der Soziologe Irving Goffman hat die strategische Modellierung von Interaktionen als »Eindrucksmanipulation«[3] bezeichnet. Goffman zufolge verfügt das Individuum, je nach einzunehmender Rolle, über unterschiedliche »Masken«, die es sich zum Zweck einer erfolgreichen Interaktion überzieht. Zu diesen Masken gehört auch der jeweils angemessene Ausdruck von Emotionen, der der sozialen Erwartung an ein gewisses Maß von Authentizität entspricht. So macht sich das Subjekt auch noch selbst zum Mittel und Objekt.

Nun können typische moralische Probleme daraus entstehen, dass Menschen, die sich selbst als Subjekte sehen (wollen), von anderen über ein bestimmtes Maß hinaus auf einen Objektstatus reduziert werden. Wenn beispielsweise jemand eine Ware verkauft, macht er den Käufer zum Mittel seines Strebens nach Gewinn. Dies wird als legitim angesehen, weil umgekehrt für den Käufer der Verkäufer in erster Linie als Mittel zur Erfüllung seines Bedarfs nach der Ware fungiert. In diesem Fall befinden sich beide Handlungsweisen des Zum-Mittel-Machens in einem Gleichgewicht. Auch respektieren beide Akteure die jeweilige Subjektseite des anderen, indem sie diejenigen Aspekte des Gegenübers nicht beachten, die nicht Teil des Kaufvorgangs sind, insbesondere ihre Privatsphären. Solange der Handel als hinreichend gerecht empfunden wird, werden auch die jeweiligen im Hintergrund wirksamen Motive des erstrebten Gewinns bzw. des beabsichtigten Gebrauchs hingenommen oder ausgeblendet. Anders aber verhält es sich bei einem Betrug. Wenn beispielsweise der Käufer feststellt, dass der Verkäufer Mängel der Ware absichtlich vor ihm verborgen hat, fühlt er sich nicht nur materiell geschädigt, sondern auch in der Möglichkeit der freien Entscheidung, in seinem Subjektsein verletzt. Missachtet wurden in diesem Fall neben Rechtsnormen auch moralische Normen. Immanuel Kant hat nun das Prinzip aller Moral an dem Verbot orientiert, andere Menschen als bloßes Mittel zu betrachten. In seiner 1785 erschienenen *Grundlegung zur Metaphysik der Sitten* entwickelte er als fundamentalen und einzigen Grundsatz der Moral den »kategorischen Imperativ«. Diesen stellte er in mehreren Formulierungen vor, eine davon lautet: »Handle so, daß du die Menschheit, sowohl in deiner Person, als in der Person eines jeden anderen, jederzeit zugleich als Zweck, niemals bloß als Mittel brauchest.«[4] Der Satz ist vielleicht schon deshalb nicht ohne weiteres verständlich, weil Kant ihn nicht einfach als Verbot formulierte, jemanden auf ein bloßes Mittel zu reduzieren, sondern dieses Verbot auf die »Menschheit in der Person« bezog. »Menschheit« ist hier nicht, wie in der heutigen Alltagssprache, quantitativ, als Gesamtzahl aller Menschen zu verstehen, sondern qualitativ, als Substantivierung des Adjektivs »menschlich«. »Menschheit« bedeutet dementsprechend die Befähigung zu Vernunft, Freiheit, Selbstbestimmung. Kant wollte auf diese Weise ausdrücken, dass Zweck an sich selbst zu sein nicht ein willkürlicher Entschluss eines Einzelnen ist, sondern eine Eigenschaft, die jedem Menschen zukommt. Es ging ihm um diejenigen Elemente der Moral, die unabhängig von kulturellen Unterschieden der Moralauffassungen als unveränderlich gültige anerkannt werden können und müssen.

Auch der Ausdruck »kategorischer Imperativ« ist erklärungsbedürftig. Unter »Imperativen« verstand Kant eine besondere Art von Handlungsregeln. Es gibt Handlungsregeln, die ein Subjekt nur für sich selbst entwickelt – diese nannte Kant »Maximen« –, und solche, die für alle, das heißt objektiv gelten, die »Imperative«. »Ich schwimme gern« ist eine Maxime, »Wer seinen Bewegungsmangel ausgleichen will, sollte sich regelmäßig sportlich betätigen« ist ein Imperativ. – Der Ausdruck »kategorisch« stammt aus der damaligen Logik und bezeichnet die einfache Aussage eines Sachverhalts. Sein Gegensatz ist »hypothetisch«. Dies bedeutet, dass die Wahrheit einer Aussage von der Wahrheit einer anderen abhängt (»wenn a, dann b«). Kant übertrug diese Unterscheidung nun auf die objektiven Handlungsgrundsätze, die Imperative. Die Verbindlichkeit hypothetischer Imperative hängt von Zwecksetzungen des Adressaten ab (»Wenn du bald wieder gesund werden willst, dann nimm diese Medizin!« oder in alltagspraktischer Verkürzung: »Nimm diese Medizin!«). Demgegenüber sollen kategorische Imperative ohne Bezug auf Absichten des Adressaten gelten. Moralische Normen haben nach Kant die Form kategorischer Imperative. Der moralische Imperativ »Halte deine Versprechen!« gilt unabhängig von Wünschen oder Zwecken des Adressaten, nämlich als allgemeine moralische Regel. Kategorische Forderungen gelten insofern unbedingt, als der Adressat ihren Anspruch nicht dadurch aufheben kann, dass er seine Bedürfnisse und Interessen ändert. Über die Interessen derer, die von seiner Handlung betroffen sind, kann er nicht wie über seine eigenen verfügen.

Worin liegt nun die Verbindlichkeit der Moral, wenn sie nicht von den Interessen abhängig gemacht werden soll? Kants Ansatz bestand darin, die Moralität der Moral an die bloße *Form* der Allgemeinheit ihrer Handlungsregeln zu binden. Der kategorische Imperativ (im Singular) ist der Name für diese Struktur moralischer Sätze. Seine Verallgemeinerungsformel lautet: »Handle nur nach derjenigen Maxime, durch die du zugleich wollen kannst, daß sie ein allgemeines Gesetz werde.«[5] Dieser oberste Moralsatz sagt nicht unmittelbar, wie zu handeln ist, ist also selbst inhaltlich leer. Stattdessen gibt er ein Prüfverfahren für konkrete Fälle ab. Kant führte dies am Beispiel des Versprechens vor: Ein Versprechen mit der Absicht zu geben, es nicht zu halten, ist eine Handlungsmaxime, die sich nicht verallgemeinern lässt, da dann Versprechen überhaupt unmöglich wären. Kant maß Unmoralität mithin an der Inkonsistenz von individueller Absicht und allgemeiner sozialer Erwartung.

Wie aber begründete Kant den kategorischen Imperativ? Entsprechend der Anthropologie seiner Zeit ging er davon aus, dass der Mensch zwei Anlagen hat, nämlich zum einen sinnliche Neigungen, die dafür sorgen, dass er seine Handlungen in den Dienst des Lustprinzips und des Eigennutzes stellt, zum anderen auch soziale Gefühle. Gegenüber den britischen Aufklärern nahm Kant allerdings einige wichtige Verschiebungen vor: Zu den sinnlichen Neigungen zählte er neben den egoistischen auch die sympathetischen. Diese Letzteren, insbesondere das Mitleid, sind nämlich nach Kant ebenso wie die egoistischen Strebungen »natürliche« Anlagen, die das menschliche Verhalten determinieren und es im Prinzip nach dem Gesetz der Kausalität empirisch (naturwissenschaftlich beziehungsweise psychologisch) erklärbar machen. Kant nahm weiterhin an, dass der Mensch nicht nur diesen Strebungen (die er »unteres Begehrungsvermögen« nannte), sondern auch der Vernunft (dem »oberen Begehrungsvermögen«) folgen kann, mit der er seine Handlungen dem Sittengesetz unterstellt. Und er nahm an, dass der Mensch die Freiheit erwerben kann, zwischen den beiden Bestimmungsgründen des Handelns zu wählen. Die Wirkung des »Sittengesetzes« war für ihn eine der »Kausalität durch Freiheit«.

Das »Sittengesetz« ist eine Vorschrift, ein Imperativ, der – allgemein formuliert – gebietet, das Gute zu tun und das Böse zu lassen. Nun ist es jedoch nicht so, dass alle Handlungen, die *nicht* durch freien und vernünftigen Entschluss dem Sittengesetz folgen, deshalb das Böse bezwecken. Vielmehr geschehen viele Handlungen durchaus pflichtgemäß, aber entweder aus egoistischer Berechnung oder aus wohlwollender Neigung. Solche Handlungen sind im Zusammenleben selbstverständlich denjenigen Handlungen vorzuziehen, die die moralischen Pflichten offen missachten. Einen eigentlich moralischen Wert sprach Kant ihnen allerdings ab. Das ist freilich nicht so zu verstehen, als wäre eine pflichtgemäße Handlung, beispielsweise eine Hilfeleistung, schon allein dann, wenn sie aus Neigung geschieht, moralisch wertlos. Vielmehr ging es Kant um die *Möglichkeit*, die darin enthaltene Maxime zu verallgemeinern. Ist diese Voraussetzung erfüllt, kann angenommen werden, dass die Handlung auch dann erfolgen würde, wenn die positive Gefühlsneigung dazu fehlte. Schematisch lässt sich Kants Aufteilung so wiedergeben:

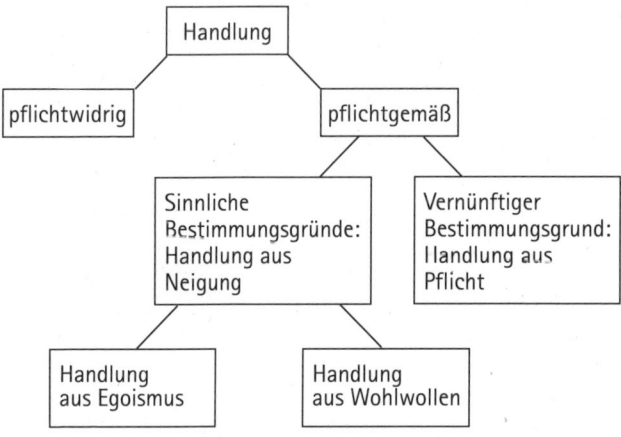

Im Fall der egoistischen Neigung verhält man sich pflichtgemäß, um langfristig Vorteile zu genießen und Nachteile zu vermeiden. Hobbes' *ethischer Egoismus* ist dafür beispielhaft, aber auch die »goldene Regel« (»Was du nicht willst, dass man dir tu, das füg auch keinem andern zu«). Im Fall der wohlwollenden Neigung hängt der Grundsatz des Handelns nicht nur von den Zwecken des Handelnden, sondern auch von denen des Betroffenen ab. Beispielhaft dafür ist der *ethische Utilitarismus* eines Bentham, der den moralischen Wert einer Handlung nach der Absicht, den Nutzen der Betroffenen zu maximieren, bemaß. Demgegenüber zielte Kants *deontologische Ethik* (von griech. *to deon*, das Erforderliche, die Pflicht) darauf ab, den moralischen Wert einer Handlung unabhängig von den »natürlichen« Neigungen sowohl der Handelnden als auch der Betroffenen zu bestimmen. Dabei verband er den moralischen Wert mit dem Bestimmungsgrund der rationalen Pflichtbejahung. Die Unabhängigkeit von natürlichen Neigungen sah er dadurch gewährleistet, dass die geforderte Rationalität allein in der Form der Gesetzmäßigkeit besteht. Moralisch wertvoll ist eine Handlung demnach genau dann, wenn sich der Grundsatz, dem sie folgt, als eine allgemein geltende Norm formulieren lässt.

Gründe für hypothetische Imperative, so Kant weiter, sind bestimmte Handlungszwecke, die sich die Menschen nach Belieben geben können. Der Wert dieser Zwecke hängt allein von ihren Bedürfnissen ab, ist also relativ. Gründe für kategorische Imperative sind dagegen Handlungszwecke, die nicht vom Belieben und von den Bedürfnissen der Handelnden abhängen, sondern von etwas, was »Zweck an sich selbst ist«. Dieses Etwas ist der jeweils Andere, der Mensch als vernünftiges Wesen. Auf diesem Weg kommt Kant, neben anderen Versionen, zu jener bereits zitierten Fassung des kategorischen Imperativs, nach der das Prüfkriterium des Moralischen darin besteht, sich selbst und andere »jederzeit zugleich als Zweck, niemals bloß als Mittel« zu gebrauchen.

Gegen das kantische Kriterium der Universalisierung ist eingewandt worden[6], dass es deshalb nicht zuverlässig ist, weil man mit entsprechendem Einfallsreichtum *jede* Vorschrift auf konsistente Weise verallgemeinern kann, wenn man sie nur hinreichend spezifiziert. Ich könnte die Erlaubnis zur Nichteinhaltung eines Versprechens durch die genaue Beschreibung der Umstände so spezifizieren, dass schließlich mehr oder weniger nur noch *ein* möglicher Handelnder unter das entsprechende »allgemeine Gesetz« fallen würde: ich selbst. Auf diese Weise könnte ich meine durchaus partikularen Interessen universalistisch rechtfertigen – ein Resultat, das natürlich nicht im Sinne Kants wäre. Für ein sinnvolles und brauchbares moralisches Urteil ist also mehr erforderlich als nur Verallgemeinerbarkeit. In diesem Fall wäre ein zusätzliches Kriterium der »Angemessenheit« erforderlich, um zu entscheiden, welche Umstände einer Handlung als ethisch relevant anzusehen sind und welche nicht.

Ein anderer wichtiger Einwand bezieht sich darauf, dass auch solche Handlungsmaximen verallgemeinerbar sind, die allgemein anerkannten Moralvorstellungen Hohn sprechen. So kann ein radikaler Sozialdarwinist den gnadenlosen Kampf aller gegen alle als allgemeines Gesetz um des Fortschritts der Gattung willen verkünden und konsequent seinen eigenen Untergang für den Fall bejahen, dass er selbst nicht standhält. Auch hier reicht die Erfüllung des kantischen Verallgemeinerungs- und Konsistenztests nicht aus, um aus der Maxime einen moralischen Imperativ zu machen. Das heißt, dass Verallgemeinerbarkeit zwar ein für zentrale Bereiche des moralischen Handelns notwendiges, aber kein hinreichendes ethisches Kriterium darstellt.

Vertieft man sich in Kants schwierigen Text, dann kann man allerdings eine Reihe von Hinweisen darauf finden, dass Kant nicht bloß an einer formellen Handlungsregel interessiert war. Die berühmte Grundformel des kategorischen Imperativs, der Verallgemeinerungstest, ist tatsächlich nur der erste Schritt der kantischen Ethik, dem mit den inhaltlichen Kriterien, insbesondere dem der Menschenwürde, weitere folgen. Deshalb ist die »Selbstzweck«-Formulierung des kategorischen Imperativs nicht bloß eine alternative Formulierung, sondern eine Ergänzung. Moralische Pflichten wären dann solche, die neben dem Kriterium der Verallgemeinerbarkeit auch das des Respekts vor der Selbstständigkeit und Freiheit anderer Menschen wie vor sich selbst erfüllen.

Der universalistische Anspruch der kantischen Ethik kann überprüft werden, wenn man sie mit einem kulturell entfernten Ethos wie dem der eingangs erwähnten Tojolabales konfrontiert. Welche Unterschiede springen ins Auge und welche Gemeinsamkeiten lassen sich feststellen? Hat Kant tatsächlich, wie er es beanspruchte, grundlegende Moralstrukturen aufgedeckt, die für alle Menschen, transkulturell und überzeitlich, gültig sind? Wie verhält sich der kategorische Imperativ zu Geboten wie jenen, das Herdfeuer nicht zu »misshandeln«, Maiskörner aufzuheben, den Hund nicht im Zorn zu schlagen?

Auf den ersten Blick besteht Kants Ethik den Tojolabales-Test nicht, denn es mag zwar unschön oder reine Vergeudung sein, wenn jemand die Maiskörner nicht aufhebt, aber eine solche Handlung muss nicht in sich sinnwidrig sein. Anders als bei Lüge und Versprechen läge im Fall der Missachtung jener Gebote kein innerer Widerspruch derart vor, dass die individuelle Handlungsmaxime, Maiskörner nicht aufzuheben, nur dann möglich wäre, wenn das entsprechende Gebot sonst im Allgemeinen befolgt würde. Ist sowohl die Maxime einer Handlung wie auch die ihrer Unterlassung verallgemeinerungsfähig (wie etwa die Gewohnheit, Mais zu essen oder nicht zu essen), dann besagt dies im kantischen Sinne, dass beide Handlungsweisen moralisch indifferent sind. Dies gälte auch für das Aufheben oder Nichtaufheben von Maiskörnern. Und doch empfinden die Tojolabales jenes Gebot offenbar nicht als eines der Sparsamkeit oder Ästhetik, sondern der Moral. Die Gründe dafür liegen offenbar darin, dass der Mais für diese Kultur von derart zentraler Bedeutung ist, dass der sorgfältige Umgang mit ihm hohe symbolische und moralische Bedeutung gewinnt. Darüber hinaus zielt die Moral der Tojolabales insgesamt auf die Bewahrung einer kosmischen Harmonie ab, die Tiere, Pflanzen und Dinge mit einbezieht. Moralisch sind die entsprechenden Gebote deshalb, weil Herdfeuer, Maiskörner und Tiere als *andere Subjekte* wahrgenommen werden, die ebenso wie die Menschen Achtung verdienen. Berücksichtigt man diese kosmologische Voraussetzung, dann lässt sich der kategorische Imperativ durchaus auch hier anwenden, was besonders in seiner Selbstzweck-Version deutlich wird. Wird die belebte und sogar unbelebte Natur als Subjekt gesehen, dann hat sie auch Anspruch darauf, »jederzeit zugleich als Zweck, niemals bloß als Mittel« gebraucht zu werden.

Wir können freilich diese kosmologische Voraussetzung kaum mehr teilen.[7] In der abendländischen Kultur wurde – beginnend schon mit Sokrates, fortgeführt dann mit dem Übergang vom antiken zum christlichen Weltbild und besiegelt mit dem neuzeitlichen Empirismus – die Trennung zwischen der objektiven Beschreibung von Sachverhalten und den subjektiven Faktoren des Willens, der Bewertungen und der Normen vollzogen. Die Welt existiert unabhängig von menschlichen Bewertungen, und auf der anderen Seite muss die Bewertung des richtigen oder falschen Handelns ohne Rückgriff auf Erklärungen natürlicher Zusammenhänge auskommen. Kants Ethik sprach dem Menschen auch auf dem Feld der Moral den Status des gesetzgebenden Subjekts zu, das die Welt als sein Objekt betrachtet. Wie aber kann der Mensch als Schöpfer und Subjekt der Moral behauptet werden und zugleich daran festgehalten werden, dass die Moral aus objektiv verbindlichen Werten und Normen besteht? Der kategorische Imperativ war eine Antwort auf dieses Problem. Kant vertrat die Ansicht, dass der Mensch genau dann frei handelt, wenn er seiner vernünftigen Selbstbegrenzung entspricht.

Das ganzheitliche, »animistische« Erleben der Tojolabales kennt kein zu manipulierendes Objekt, sondern nur eine Pluralität kommunizierender Subjekte. Kants kategorischer Imperativ begründet die moralische Rücksichtnahme gegenüber den Interessen der anderen durch das Gebot, diese nicht auf bloße Mittel zur Befriedigung der eigenen Interessen zu reduzieren. Bei aller Gemeinsamkeit dieser beiden Moralen wird der entscheidende Unterschied durch Kants Postulat bezeichnet, den Menschen »*zugleich* als Zweck« und »nicht *bloß* als Mittel zu behandeln«. Kant lebte zur Zeit des Aufbruchs der modernen bürgerlichen Gesellschaft, die tatsächlich dadurch zusammengehalten wird, dass sich die Menschen gegenseitig auf vielfältigste Weise zu Objekten machen, um ihre jeweils besonderen Zwecke zu verfolgen. Für den General ist der untergebene Soldat nicht Zweck an sich, sondern Mittel zur Aufstellung eines militärischen Machtapparats, für den Unternehmer ist sein Angestellter nicht Zweck an sich, sondern Mittel zur Vermehrung seines Kapitals und so weiter. Derartige instrumentelle Verhältnisse *an sich* moralisch zu verurteilen hätte bedeutet, die entstehende moderne Gesellschaft selbst, ihre Struktur der »funktionalen Differenzierung« gesellschaftlicher Teilbereiche, zu verneinen. Kant suchte hier »nur« – und das muss wahrlich nicht wenig sein – einer gesellschaftlichen Tendenz, die ungebremst höchst destruktiv wirkt, eine Grenze zu setzen.

»Freiheit« und »Gleichheit« spielen in der Moralauffassung der Tojolabales wie in der Ethik Kants eine tragende Rolle. Aber die identischen (oder in der Übersetzung angenäherten) Ausdrücke stehen doch für sehr unterschiedliche Ideen und Lebensformen. Die Tojolabales sehen die soziale Gemeinschaft und deren Verwurzelung in Ahnentradition und »Mutter Erde« als Ermöglichungsgrund von intersubjektiver Gleichheit und Freiheit an. Demgegenüber nahm Kant die politischen Ideale der Französischen Revolution, Freiheit (der Individuen gegenüber der Willkür von Machthabern) und Gleichheit (vor allem in den Bereichen des Rechts und der Politik), auf und begründete sie moralphilosophisch. Freiheit wurde bei ihm zu einem Postulat der moralischen Vernunft, der zufolge das handelnde Subjekt sich jederzeit als unabhängig von irgendwelchen natürlichen oder sozialen Bestimmungen gleichsam neu erschaffen kann. Es folgt dann allein dem von ihm bejahten Vernunftgesetz, das aber nur als allgemeines, für alle gleichermaßen verbindliches möglich ist. Moralische Forderungen gelten ausnahmslos, ohne Rücksicht auf subjektive Vorlieben.

Der hervorstechende Zug der kantischen Ethik ist ihr Formalismus. Der kategorische Imperativ sagt nicht, was wir tun sollen, sondern wie wir prüfen können, ob das, was wir tun wollen, vernünftig gerechtfertigt werden kann. Er sagt auch nicht, woher wir die zu prüfenden Gebote nehmen sollen. Der von Kant ins Zentrum seiner Ethik gerückte Begriff »Pflicht« ist von jedem konkreten sozialen Bezug (Pflicht eines Freundes, Vaters, Vorgesetzten und so weiter) abgelöst. Diese Inhaltsleere bezieht sich allerdings auf die Ebene der Ethik, nicht die der Moral. Der kategorische Imperativ ist der bestehenden Moral gegenüber »parasitär«[8], aber so, wie die ethische Reflexion gegenüber einer eingelebten Moral »parasitär«, nämlich auf sie bezogen ist und sie voraussetzt. Kants Formalismus lieferte der aufklärerischen Kritik an staatlicher und kirchlicher Bevormundung ein ethisches Fundament. Was die Individuen sich für Ziele setzten, blieb, bei Beachtung vernünftiger Grenzen, im Wesentlichen ihren Vorlieben und Interessen überlassen, die von sich aus nicht harmonieren. Dies weist dem kategorischen Imperativ seinen historischen Ort an der Schwelle zur Moderne zu. Er setzt einen Rahmen für die Kooperation freier Individuen, die ihren Neigungen folgen, sich dabei aber vernünftige Grenzen auferlegen müssen.

Das bedeutet zugleich, dass Kants Moralprinzip Regeln wie die auf das Herdfeuer und den Mais bezogenen nicht mehr erfasst, sofern sie nicht ihren Zweck im Respekt vor den berechtigten Interessen aller anderen Menschen als Menschen überhaupt haben. Anders als bei den Tojolabales kommen die Menschen hier nicht als Angehörige einer bestimmten Gemeinschaft, ja kaum als unverwechselbare Individuen in den Blick, sondern als Verkörperungen der »Menschheit«, als »Vernunftwesen«. Es gibt hier nur einerseits die ganze Menschheit und andererseits deren individuelle Verkörpe-

rungen. Allerdings machen wir in der alltäglichen Lebens-
praxis bis heute große Unterschiede zwischen moralischen
Ansprüchen, deren Erfüllung jedem zusteht (gekennzeichnet
durch Grundwerte wie Menschenwürde, Autonomie, Freiheit, Gerechtigkeit), und Ansprüchen in unterschiedlichen
sozialen Beziehungen (Eltern – Kinder, Geschwister, Vorgesetzte – Abhängige, Lehrer – Schüler und so weiter). Während
die ersteren Gebote universalisierbar sind, gilt dies für letztere
nicht immer. Hier geht es auch um Werte der Fürsorgemoral,
die nicht unbedingt einklagbar sind. So fällt etwa das Verbot
der Misshandlung von Tieren, das gerade vor dem Hintergrund eines ökologischen Bewusstseins in der fortgeschrittenen Moderne wieder zum ethischen Thema geworden ist,
aus dem Anwendungsbereich der kantischen strikt anthro-
pozentrischen (allein auf den Menschen bezogenen) Ethik
heraus.

Anders als Kant meinte, ist der kategorische Imperativ also
nicht *das* Prinzip der Moralität, sondern erfasst, wie Günther
Patzig in einer genaueren Untersuchung gezeigt hat, nur
einen begrenzten Ausschnitt aus dem Spektrum moralisch
relevanter Handlungen. Dieser Ausschnitt ist freilich zentral:
»Dies sind eben die Handlungen, in denen wir als Mitglieder
in einer Gemeinschaft von Menschen auf die Zusammenar-
beit und den Konsens mit anderen bezogen und angewiesen
sind.«[9] Präzisierend ist freilich hinzuzufügen: auf Konsens
angewiesen in einer Gesellschaft, deren ökonomisch begründete Intersubjektivitätsstrukturen gerade nicht auf Konsens,
sondern auf Konkurrenz und Anweisung beruhen.

Darüber hinaus ist die Erklärungskraft des kategorischen
Imperativs noch in einer anderen Hinsicht eingeschränkt.
Kant hatte vor allem eine bestimmte Art von moralischen Ent-
scheidungsproblemen im Auge, nämlich die, bei denen es um
einen Gegensatz zwischen Neigung und Pflicht geht. Nicht
weniger häufig aber geht es bei moralischen Fragen um die
Entscheidung und Rechtfertigung des Handelns im Fall
zweier miteinander konkurrierender Ansprüche. Jean-Paul

Sartre (1905–1980) schildert den Fall eines seiner Schüler, der ihn zur Zeit der deutschen Besatzung Frankreichs im Zweiten Weltkrieg um Rat fragte:

»Sein Vater lebte im Zwiespalt mit seiner Mutter und neigte übrigens zur Kollaboration, sein ältester Bruder war bei der deutschen Offensive 1940 getötet worden; und jener junge Mann wünschte in seinem etwas primitiven, aber hochherzigen Gefühl, ihn zu rächen. Seine Mutter lebte allein mit ihm, sehr betrübt durch den halben Verrat des Vaters und durch den Tod ihres ältesten Sohnes, und fand nur Trost an ihm. – Dieser junge Mann hatte in dem gegebenen Augenblick die Wahl, entweder nach England zu gehen und sich in die Freien Französischen Streitkräfte einzureihen – d. h. seine Mutter zu verlassen – oder bei seiner Mutter zu bleiben und ihr leben zu helfen. Er gab sich gut Rechenschaft davon, daß diese Frau nur durch ihn lebte und daß sein Verschwinden – und vielleicht sein Tod – sie in Verzweiflung stürzen würde. Er gab sich auch Rechenschaft, daß im Grunde, konkret gesprochen, jede Handlung, die er aus Rücksicht auf seine Mutter unternahm, ihre Entsprechung haben werde in dem Sinn, daß er ihr zu leben verhalf, während jede Handlung, die er unternahm, um wegzureisen und zu kämpfen, eine zweideutige Handlung war, die im Sande verlaufen und zu nichts dienen könnte. Zum Beispiel, indem er nach England reiste, konnte er unbestimmte Zeit in einem spanischen Lager verbleiben, wenn er über Spanien fuhr; er konnte in England oder Algier ankommen und in ein Büro versetzt werden, um Schreibarbeiten zu machen. Folglich befand er sich angesichts [= im Angesicht von] zweier ganz verschiedener Typen von Handlungen: einer konkreten, unmittelbaren, die sich aber nur an ein Individuum richtete; oder aber einer Handlung, die sich an ein unendlich weiteres Ganzes, eine nationale Gemeinschaft wendete, die aber eben deswegen zweideutig war und unterwegs unterbrochen werden konnte.«[10]

Sartre weist angesichts einer solchen Entscheidungssituation auf die Schwierigkeiten verschiedener Moralprinzipien hin, so auch des kategorischen Imperativs: »Die Kantische Moral erklärt: Behandle die anderen nie als Mittel, sondern als Zweck. Sehr gut; bleibe ich bei meiner Mutter, so behandle ich sie als Zweck und nicht als Mittel, aber ich laufe Gefahr, diejenigen als Mittel zu behandeln, die um mich her kämpfen; und umgekehrt, wenn ich mich denen anschließe, die kämpfen, so behandle ich sie als Zweck und laufe dementsprechend Gefahr, meine Mutter als Mittel zu behandeln.« Sartre schließt aus diesen Schwierigkeiten auf die Unmöglichkeit allgemein gültiger moralischer Gebote und die Notwendigkeit einer spontaneistischen Moral: »Ich hatte ihm [meinem Schüler] nur eine Antwort zu geben: Sie sind frei, wählen Sie, das heißt erfinden Sie.«[11] Damit eröffnet er ein neues Problemfeld. Wir müssen ihm aber bei diesem existenzialistischen Lösungsvorschlag nicht folgen, sondern können aus seiner Schilderung einen anderen Schluss ziehen, der vielleicht näher an der alltäglichen moralischen Erfahrung ist: Wir können und müssen Bedürfnisse und Handlungsresultate gewichten und entsprechende moralische Gebote, wenn sie nicht zugleich verwirklicht werden können, in eine Rangfolge bringen. Dazu hilft eine situative praktische Besonnenheit (die aristotelische *phronêsis*). Insofern hier allerdings Zukunftserwartungen in die Überlegungen mit eingehen, ist ein gewisses Maß an Unsicherheit unvermeidlich, das weder durch ethische Prinzipien noch durch Besonnenheit vollständig gebannt werden kann.

Schopenhauer –
Mitleid mit der gequälten Kreatur

»Die Schnecke ohne Haus kriecht über den feuchten Waldweg, den schlanken, glänzenden, schwarzen Leib hinten verletzt, mit Schlamm bedeckt. Sie ist noch im ersten Viertel des Wegs und überquert ihn nicht im rechten Winkel, sondern schräg. Wenn die feinen Fühlhörner Gefahr bemerken, zieht der Leib sich zusammen. Das ganze ist wach und differenziert, aber der wirklichen Bedrohung, dem spazierenden Stiefel des Kolosses Mensch, höchst unangemessen. Das Verhältnis ist sinnlos, wahrscheinlich die ganze Mühe der Überquerung. Der in der Organisation der Schnecke nicht vorgesehene Menschenweg hat sie vielleicht getäuscht, für sie ist der jenseitige Wegrand kein Drüben, kein Ende, kein Ziel, wie es dem Menschen erscheint, der den Weg gemacht hat und begreift. Die Schnecke, ganz hingegeben ihrer Anstrengung, zieht, schutzlos einer unbekannten Hoffnung folgend, eine Furche in die Schlammwüste. Wer sich über sie beugt, der Gemeinsamkeit mit ihr eingedenk, hat ihr, von seiner Schlauheit und seinen Machtwerkzeugen abgesehen, das Mitleid mit sich selbst voraus, das ihn die Minute verlieren läßt, in der er vielleicht etwas ändern könnte. Im Blick auf die Schnecke läßt er sich gehen, bekümmert um die eigene Verlorenheit, anstatt trotz allem in der Wüste fortzuziehen, selbst wenn die Hoffnung verloren wäre.«[1]

Max Horkheimer notierte dieses Gleichnis 1959 unter dem Titel »Selbstmitleid«. Das Selbstmitleid gehört in unserer Epoche zu den gesellschaftlich verpönten Gefühlen, es signalisiert wehleidige Untätigkeit. Hier aber fungiert es als ein entscheidendes Differenzmerkmal zwischen Tier und Mensch. Es geht dabei offenbar weniger um jenes egozentrische Gefühl als um eine metaphysische Hoffnungslosigkeit, um das Eingedenken der »Verlorenheit« alles Lebendigen. Der Mensch wird sich ihrer bewusst, indem er sich mit der hilflosen Schnecke identifiziert. Die Hoffnungslosigkeit entspringt nicht zuletzt der Erkenntnis, dass auch er selbst nur ein Tier unter Tieren ist, in manchem vielleicht ein bisschen schlauer als andere Tiere, jedoch ebenso wie diese eingebunden in den Kreislauf von Werden und Vergehen, Fressen und Gefressenwerden, und blind für das Ende seines Weges. Aber gerade aus der bewussten Identifikation mit der blinden Natur entspringt auch die Unterscheidung von dieser, nämlich die Hemmung, selbst geradewegs, wie die beobachtete Schnecke, »in der Wüste fortzuziehen«. Die Hemmung ist auch Ausdruck einer Rücksicht auf das Schwache, als das sich der Betrachter zugleich selbst erkennt.

Die Herkunft des Lebensgefühls, das Horkheimer hier reflektiert, lässt sich historisch genau verorten, und zwar in der philosophischen Reaktion auf das naturwissenschaftlich geprägte Weltbild, wie es sich in der Mitte des 19. Jahrhunderts allgemein durchsetzte. Der Blick auf den Menschen als Tier unter Tieren, die Entzauberung des idealistischen Vernunftbegriffs, der grundlegende Zweifel an der Einheit von Vernunft und Moral, nicht zuletzt der dem Optimismus des Rationalismus und der Aufklärung entgegengesetzte Pessimismus – die Auffassung, dass die Welt so schlecht ist, wie sie nur sein kann – kulminieren in der Gestalt Schopenhauers. Arthur Schopenhauer (1788–1860) griff die traditionelle metaphysische Frage nach dem Wesen der Welt, das den vergänglichen Erscheinungen zugrunde liegt, auf, aber seine Antwort benannte keine außernatürliche Instanz der Sinngebung (Gott, Geist, das Absolute) mehr, sondern stieß stattdessen auf die blinde Immanenz der Natur. »Pessimist« war Schopenhauer, weil er angesichts dieses Befundes – anders als spätere Generationen – noch zutiefst erschauderte.

»Ich war«, sagte Schopenhauer im Rückblick über sich selbst, »als Jüngling immer sehr melancholisch und einmal, ich mochte ungefähr 18 Jahre alt sein, dachte ich, noch so jung bei mir: Diese Welt soll ein Gott gemacht haben? Nein, eher ein Teufel –?«[2] Der Ausarbeitung und Begründung dieser jugendlichen Intuition war sein ganzes Philosophieren gewidmet. Im zweiten Band seines Hauptwerks *Die Welt als Wille und Vorstellung* heißt es:»Und dieser Welt, diesem Tummelplatz gequälter und geängstigter Wesen, welche nur dadurch bestehn, daß eines das andere verzehrt, wo daher jedes reißende Tier das lebendige Grab tausend anderer und seine Selbsterhaltung eine Kette von Martertoden ist, wo sodann mit der Erkenntnis die Fähigkeit, Schmerz zu empfinden, wächst, welche daher im Menschen ihren höchsten Grad erreicht, und einen um so höheren, je intelligenter er ist – dieser Welt hat man das System des Optimismus anpassen und sie uns als die beste unter den möglichen andemonstrieren wollen. Die Absurdität ist schreiend.«[3]

Der philosophische Pessimismus artikuliert Erfahrungen der Vorherrschaft von Täuschung und Irrtum im menschlichen Leben, der Vergeblichkeit des Strebens, des Zerfalls von sozialer Integration und des Ausgeliefertseins an eine feindliche innere und äußere Natur, an Endlichkeit und Tod, der Vereinnahmung der Individuen durch übermächtige Organisationen und Strukturen, vor allem aber der Abkehr von geschichtlichen Hoffnungen und religiösen Erwartungen, des Verlustes des trostreichen Gedankens an einen allgütigen Gott. Er reagiert auf das Schwinden eines aus dem Transzendenten stammenden Sinns des Lebens. In entsprechenden geschichtlichen Epochen ist er deshalb immer wieder zum Ausdruck gekommen, Weltverachtung, Abwendung von den Verlockungen und Anforderungen des Lebens, Verzicht und Askese finden sich in vielen Religionen und philosophischen Lehren seit der Antike. Die Erde als Jammertal, die Vergänglichkeit des Glücks und die Vergeblichkeit des Hoffens, die Empfehlung einer Distanz zur Welt, all dies tauchte auch in den »optimistischen« Religionen und Philosophien auf. Aber erst Schopenhauer machte den Pessimismus zum Zentrum seiner Lehre. Während bei den vorangegangenen pessimistischen Anschauungen die Zerrissenheit des Lebens auf irgendeine Weise endlich doch noch in eine jenseitige oder diesseitige Versöhnung überführt wurde, hielt Schopenhauer an einem unversöhnbaren Dualismus zwischen »Wesen« und »Erscheinung« der Welt fest: Die Welt als »Erscheinung« ist die der lebensdienlichen und lebensvernichtenden, instrumentellen Vernunft, des sich selbst erhaltenden Ich. Alles Erfahrungswissen – hierin interpretierte Schopenhauer Kant naturalistisch – bezieht sich auf die Welt, insofern sie das Konstrukt unserer Wahrnehmung und unseres Verstandes ist, die der Selbsterhaltung dienen. Das »Wesen« dieser Welt, das freilich nur von einem überindividuellen Standpunkt aus erkennbar wird, ist – und hierin unterscheidet er sich deutlich von Kant – der blinde Drang des »Willens«.

Ausgangspunkt von Schopenhauers eigenem Erleben wie seiner Darstellung war die Gefangenschaft des Ich in einem Leib, der mit seiner Sinnlichkeit, seinem Begehren, seinem Willen dem reflektierenden Selbstbewusstsein als fremd und bedrohlich erschien. Von Anfang an suchte Schopenhauer nach einem Weg, diesem im Leib unmittelbar erfahrenen Willen zu entkommen. Der Leib war für ihn nicht nur, der Auffassung Kants entsprechend, eine Vorstellung des denkenden Ich und damit ein Teil der Welt als Erscheinung. Das Ich hat, so Schopenhauer, nicht nur Vorstellungen von der Welt, es spürt sich zugleich als Lust, Schmerz, Begehren, als Wille. Und da wir diese (und nur diese beiden) Erfahrungsweisen haben: die Vorstellungen und den Willen, können wir schließen, dass auch die Welt insgesamt nicht nur unsere Vorstellung, sondern zugleich an sich Wille ist.

Unter »Wille« verstand Schopenhauer also nicht mehr (wie eine große Tradition von Augustinus über Luther bis zu Kant) die innere Einstellung des sich selbst gebietenden Menschen, dessen »guter Wille« als höchster moralischer Wert galt, sondern jede Art von strebender Kraft in der Natur, einen auch und vor allem unbewusst wirkenden Drang. Der Wille in uns verbindet uns mit der Natur, doch diese Natur hat nichts Tröstendes und Bergendes, nichts von kosmischer Harmonie, sie ist gnadenloser Kampf ums Dasein. Dem vorindividuellen

Willen wesentlich ist, dass er sich in die Individuen hinein entzweit und in deren Kampf gegeneinander gleichsam sich selbst verzehrt. Von solcher Übereinstimmung des Menschen mit der Natur ist keine Versöhnung zu erhoffen, und auch nicht von der Vernunft, die nur die Magd des Willens zum Dasein und Wohlsein ist. Das Leben erscheint als unaufhörliches Kampfgetümmel, in dem die einzelnen Individuen dem sinn- und ziellosen Fortkommen ihrer Gattung geopfert werden.

Dieses Bild der Welt führt dennoch nicht in vollständige Trostlosigkeit. Denn indem der Wille sich besinnend seiner innewird, verneint er sich. Er weicht der metaphysischen Einsicht des altindischen *Tat twam asi*: »Das alles bist du.« Andere Formen der Selbstverneinung des Willens sah Schopenhauer in der Kunst, in der Askese und in der moralischen Regung des Mitleids. Dieses bildete für ihn den Kern der Moral. Dabei verstand er unter »Mitleid« keine bloß subjektive Anwandlung von Herzensgüte, sondern ein intuitives Wissen vom Empfinden anderer und von ihrem letztlich unaufhebbaren Leiden.

So zeigte seine Philosophie eine eigentümliche Doppelseitigkeit: Einerseits entfaltete sie theoretisch eine extreme triebnaturalistische Auffassung von der *Allmacht* des Willens, andererseits zielte sie praktisch auf die *Verneinung* des Willens. Diese Annahme, dass der Wille sich selbst verneinen könne, war inkonsequent und konsequent zugleich. Inkonsequent war sie, da der Wille doch das allein Herrschende sein sollte, das der Vernunft keinen Raum für souveräne Erkenntnis und Bestimmung des Handelns lässt. Konsequent jedoch war sie insofern, als schon die bloße Möglichkeit der Reflexion des Willens, wie Schopenhauer selbst sie unternahm, darauf verwies, dass seine Macht nicht grenzenlos sein konnte.

Im Hauptstrom der abendländischen Vernunftphilosophie vor Schopenhauer wurde dem Mitleid als einer primär affektbestimmten Einstellung meist nur eine periphere Rolle zugewiesen. Seit Platon unterschied man pathologisches und vernunftgeleitetes Mitleid. Nur wenn sich der natürliche Affekt in die vernünftige Tugend einfügen ließ, wurde ihm eine Berechtigung zugesprochen. Eine entschiedene Ablehnung des Mitleids findet sich insbesondere in der durch die Stoiker begründeten Tradition, der zufolge es mit der Leitidee der Vernunft unvereinbar war. Auch in der neuzeitlichen Philosophie von Spinoza und Hobbes bis zu den französischen Materialisten des 18. Jahrhunderts wurde das Mitleid, als ein jenseits vernünftiger Begründung und Rechtfertigung wirksamer Affekt, in der Regel als unnütz, wenn nicht gar als schädlich verworfen.

Weitaus seltener war die Anerkennung des Mitleids als moralisch signifikante Einstellung. Gegenüber der stoischen Ataraxie-Lehre (griech. Unerschütterlichkeit) bewertete die christlich-mittelalterliche Philosophie Barmherzigkeit und Nächstenliebe als zentrale Tugenden. In der Neuzeit kehrte diese Hochschätzung wieder in der britischen Moral-sense-Ethik und besonders nachdrücklich bei Jean-Jacques Rousseau (1712–1778), für den das Mitleid zu den grundlegenden, vorrationalen Bindungskräften zwischen den Menschen zählte. Aber erst Schopenhauer erklärte es zum eigentlichen Fundament der Moral. Er verstand es als »ganz unmittelbare [...] Teilnahme [...] am Leiden eines anderen«, wobei »das Leiden eines anderen unmittelbar mein Motiv«[4] wird. Das Mitleid war für ihn der reale Ausdruck der ansonsten mythisch oder religiös verkleideten Erkenntnis, dass die Individuation und das Interesse der Individuen am eigenen Dasein und Wohlsein nur der Schleier ist, der die metaphysische Wesensidentität allen Lebens verdeckt.

In der Entwicklung des schopenhauerschen Denkens lässt sich eine Umwertung des Mitleids finden, nach der die so genannte »Mitleidsethik« erst allmählich Gestalt gewann. Ursprünglich entwickelte Schopenhauer, im Windschatten seiner Darstellung der stufenweisen Selbstaufhebung des Willens, eine eigentümliche Dialektik von Mitleid und Selbstmitleid: Mitleid beruht auf der Gleichsetzung des fremden

Individuums mit dem eigenen Selbst, das damit den Anspruch seines Willens zum Leben gleichsam verdoppelt, also durchaus auch auf sich beharrt. Im Mitleid mit dem fremden Leiden setzen wir uns an dessen Stelle und erblicken so »in seinem Schicksal das Los der ganzen Menschheit und folglich vor allem unser eigenes«. Und umgekehrt empfinden wir unser eigenes Leiden, selbst den physischen Schmerz, gar nicht unmittelbar, sondern erst in der »bloßen Vorstellung«[5] eines Bemitleidenswerten, auf den sich unser Mitleid richtet, der wir nun aber selbst sind. – Später dagegen erklärte er das Mitleid (Wollen des fremden Wohls) zu einer von drei »Grundtriebfedern«[6], kategorial getrennt vom Egoismus (Wollen des eigenen Wohls) und von der Bosheit (Wollen des fremden Wehe). Daraus folgte, dass er die Beimengung von Egoismus und Selbstmitleid zu einer mitleidbestimmten Handlung nur noch als Faktor der moralischen Wertminderung in den Blick bekommen konnte.

Erkennbar wird somit eine Gewichtsverlagerung hin zu einer später »Mitleidsethik« genannten emotiven Begründung der Moral. Auch beim späten Schopenhauer ist das Mitleid freilich nicht die Basis des moralisch Guten schlechthin, sondern stellt die Seite der Empfindung in einem komplexeren Vorgang der Identifizierung dar. »Mitleid« ist die zu Vernunftgründen hinzutretende Gefühlsursache, die eine moralische Handlung erst in Gang setzt. Anfangs hatte sich Schopenhauer mit dem metaphysischen Rahmen seiner Lehre von der Willensverneinung einen Freiraum geschaffen, das Mitleid im Zusammenhang mit der Individuation – an der er noch festhielt – zu sehen, während seine spätere (soweit möglich) metaphysikfreie Moralfundierung das Mitleid mit der metaphysischen Bedeutung auflud, den Schein der Individuation praktisch aufzuheben.

Für Schopenhauer war die Tugendmaxime »Verletze niemanden, vielmehr hilf allen so viel du kannst« der bündige Ausdruck einer jeden Moral. Dieses Prinzip hatte aber, anders als der kantische kategorische Imperativ, keine Begründungsfunktion, sondern war selbst erst zu begründen, und zwar durch ein »Fundament« der Moral. Dieses, das Gefühl des Mitleids, verstand Schopenhauer als die handlungsumsetzende »Triebfeder« des Moralischen, als höchste Form der Aufhebung des Unterschiedes zwischen Ich und Anderem und damit als »Quelle« und »Urphänomen«[7] des moralischen Verhaltens.

Schopenhauers ethisches Interesse galt vor allem diesem »Fundament« der Moral. Daran wird deutlich, dass seine Moralphilosophie von einem anderen Typus ist als die kantische, von der sie sich absetzte. Hatte Kant der Moral eine erfahrungsunabhängige, deduktive Begründung durch ein Vernunftprinzip geben wollen und so paradigmatisch eine normative Ethik des Sollens vertreten, so versuchte Schopenhauer, das Moralische in seiner komplexen Bedeutung zu erschließen und mit subjektiven Wünschen, objektiven Anforderungen und metaphysischen Annahmen in Beziehung zu setzen. Dabei ging es ihm eher um die Ohnmacht und Fragilität des Moralischen als um dessen unerschütterliche Rechtfertigung. Und es ging ihm um diejenige Instanz, die, auch entgegen den Klugheitsmaximen der Selbsterhaltung, die Menschen zu einem altruistischen Handeln bestimmt.

Hinsichtlich der moralphilosophischen Konsistenz lässt sich gegen Schopenhauers Ethik der Einwand erheben, dass mit dem Mitleid die motivationale Grundlage des moralischen Verhaltens zu eng gefasst wird. Denn es gibt moralische Einstellungen, deren Motivationsquellen andere sind: insbesondere Verbindlichkeiten, die sich auf die Integration des Selbst beziehen, wie Zuverlässigkeit, Selbstbeherrschung, Wahrhaftigkeit. Ein nicht normativistisch-abstrakter Moralbegriff wird auch Gefühle wie Sympathie, Idealisierung, Scham, Schuld, Empörung, Nachsicht, Respekt oder Zugehörigkeit zur motivationalen Basis zählen. Mitleid scheint sich außerdem, jedenfalls im alltäglich-konkreten Verständnis, allein auf die asymmetrische Interaktion eines Stärkeren mit einem Schwächeren zu beziehen und somit symmetrische Ansprüche der

Gerechtigkeit nicht angemessen zu repräsentieren. Warum sollte ein Schwächerer, dem der Zufall doch einmal die Möglichkeit der Übervorteilung eines Stärkeren in die Hand spielt, mit diesem Mitleid empfinden?

Allerdings zögerte Schopenhauer nicht, auch einen solchen Fall – nämlich dass »vom Armen dem Reichen das Seinige gegeben wurde«[8], sofern dies nicht bloß konventionell, sondern authentisch uneigennützig erfolge – als Beispiel einer moralischen, das heißt durch Mitleid motivierten Handlung anzuführen. Dies ließe sich Schopenhauer als Inkonsistenz vorrechnen. Angemessener aber erscheint die Feststellung, dass sein Mitleidsbegriff eben nicht mit dem unserer Alltagssprache gleichzusetzen ist, sondern umfassender das Gefühl der Empathie und Identifikation mit den als berechtigt empfundenen Ansprüchen des anderen meint.

Dafür spricht auch seine Systematik der Kardinaltugenden. Als solche nahm er nur zwei an, nämlich Gerechtigkeit und Menschenliebe, entsprechend den beiden Forderungen des allgemeinen Moralprinzips »Verletze niemanden, vielmehr hilf allen so viel du kannst«. Schopenhauer führte nun nicht nur Menschenliebe/Wohltun, sondern auch Gerechtigkeit/Nichtverletzen auf Mitleid zurück. Während Gerechtigkeit üblicherweise als unparteilicher und unpersönlicher Wert gilt (im Gegensatz zu Mitleid als parteilichem und persönlichem Wert), verstand er Gerechtigkeit in erster Linie als Respekt gegenüber gerechtfertigten Ansprüchen, als Nicht-Unrecht-Tun. Gerechtigkeit bedarf insofern des Mitleids, als sie eine »ein für allemal erlangte Kenntnis von dem Leiden, welches jede ungerechte Handlung notwendig über andere bringt«[9], voraussetzt. Mitleid war für Schopenhauer demnach nicht nur eine situationsabhängige Empfindung, sondern auch und vor allem eine übergreifende Disposition, ein moralisches Gefühls- und Handlungs*schema*.

Wollte man mit Schopenhauer – und durchaus im Einklang mit heutigen empirischen Moraltheorien – so etwas wie eine psychische Triebbasis der Moral benennen, so wäre diese in der Identifikation mit emotional befriedigenden Interaktionsfiguren zu sehen. Der subjektive Moralsinn für Ansprüche, Werte und Normen ist Resultat und Ausdruck einer solchen Identifikation. Was Schopenhauer als intuitive Erkenntnis der metaphysischen Wesensgleichheit alles Lebendigen postuliert hatte, ließe sich nachmetaphysisch als zugrunde liegende Interaktionsform der Perspektivenübernahme entschlüsseln, die in Form von Empathie in die moralische Reflexion und Handlung eingeht.

Von den Einwänden, die gegen Schopenhauers Mitleidsethik erhoben worden sind, waren diejenigen Friedrich Nietzsches besonders wirkungsmächtig. Die Überzeugungskraft der schopenhauerschen Ethik lebte zunächst durchaus noch von den Ausläufern der christlichen Tugendtradition, ohne dass er sich selbst ausdrücklich auf die überkommene Hochschätzung der Barmherzigkeit berufen hätte. Mit dem ausgehenden 19. Jahrhundert aber wurde das moralische Konzept des Mitleids im allgemeinen Bewusstsein zunehmend diskreditiert. Dass das Mitleid die Grenze zwischen den Individuen überschreitet, war der Grund seiner Hochschätzung durch Schopenhauer. Für Nietzsche und mit ihm für den modernen Individualismus wurde gerade diese Grenzüberschreitung zum Skandal. Nun empfand man das Mitleid weniger als helfend denn als indiskret, zudringlich und schamlos. In der modernen Industriegesellschaft ging es, aus der Sicht der Schwachen und Benachteiligten, weniger um Mildtätigkeit und Fürsorge als um Ansprüche auf Recht und Gerechtigkeit. Und aus der Sicht der Starken und Aufstrebenden ging es um individuellen und gesamtgesellschaftlichen Fortschritt, um Konkurrenz und Kampf. Moral geriet insgesamt eher unter skeptischen Generalverdacht. Diesen Ideen gab Nietzsche auf höchst eigenwillige Weise Ausdruck, indem er sie zugleich zu einer Art Zukunftsmoral überhöhte. Seine Auffassung lässt sich durchaus als Gegenentwurf zu Schopenhauers Mitleidsethik verstehen.

Hatte Schopenhauer die trüben Beimengungen des normalen

moralischen Handelns herausgefiltert und nur das vollständig uneigennützige Handeln, das er mit dem Mitleid gleichsetzte, als moralisch wertvoll anerkannt, so radikalisierte Nietzsche nun diese ethische Kritik der Moral, indem er auch am Mitleid immer neue Schattenseiten, nämlich Machtimpulse, bloßlegte. Es mochte der Heuchelei, der Neugier, der Sentimentalität, der Unterwerfung, der Überwältigung, der Verstellung und anderer Winkelzüge dienen. So konnte es jede nur mögliche Funktion im Maskenspiel des »Willens zur Macht« übernehmen. Letztlich sind die Menschen, so Nietzsche, nicht zur Verneinung ihres Egoismus in der Lage, der die einzige Triebfeder ihres Handelns darstellt.

Nietzsches Mitleidskritik ist eine Kritik an der stillschweigenden Sanktionierung der Verhältnisse, die Mitleiderregendes erst hervorbringen. Er spürte nur allzu deutlich, dass man denjenigen, dem man Mitleid entgegenbringt, immer auch ein Stück weit herabsetzt und ihm Unrecht tut. Darüber hinaus wird Mitleid zur bloßen Ideologie, wenn es sich selbst genügt und man die Ursachen des Leidens aus dem Blick verliert. In der individuellen Geste des Mitleids ist ein Sich-Abfinden mit dem übermächtigen, gesellschaftlich geradezu geforderten Eigennutz enthalten. In diesem Sinn bezeichnete beispielsweise Dolf Sternberger das Mitleid als »das ohnmächtige Lösemittel der verhärteten sozialen Verhältnisse, ein Mittel zum Ausgleich und zum Schutze gegen Kritik, das Sammelbecken der aus Markt und Börse entwichenen Menschlichkeit, gern und wohlwollend betrachtet, eine verschlossene Arznei und ein kraftloses Arkanum [Geheimmittel]«[10].

Ein anderer Einwand gegen Schopenhauer besagt, dass das Mitleid eine bloß individuelle und unzuverlässige Regung darstellt, die deshalb nicht zu einem allgemein verbindlichen Fundament der Moral taugt. Tatsächlich kann eine Erklärung beziehungsweise Rechtfertigung moralischer Gefühle ihrerseits nicht gefühlsmäßig erfolgen, sondern ist auf die diskursive Vernunft angewiesen. Nur die diskursive Vernunft kann über die Angemessenheit oder Unangemessenheit eines moralischen Gefühls wie des Mitleids im jeweiligen Einzelfall oder auch generell entscheiden. Wie selbstverständlich gab Schopenhauer dem Moralprinzip eine verallgemeinernde Form: »Verletze *niemanden*, vielmehr hilf *allen* so viel du kannst.« Das moralische Prinzip sollte für jeden gelten, und die entsprechende moralische Einstellung sollte sich jedem gegenüber äußern. Für Schopenhauer beinhaltete die metaphysische Erkenntnis der Wesensgleichheit aller, dass es sich beim Mitleid gerade nicht – wie im Alltagsverständnis unterstellt – um ein bloß individuelles, willkürliches, situationsbezogenes Gefühl handelt.

Aber auch wenn wir diese metaphysischen Voraussetzungen nicht teilen, können wir bei Schopenhauer eine Reihe von Indizien dafür finden, dass das Mitleid nicht nur, wie zumeist unterstellt, ein willkürlicher Affekt ist, sondern eine personell und sozial verankerte, dauerhafte und übergreifende moralische Instanz darstellt. Das heißt auch, dass es nicht nur durch die unmittelbare Wahrnehmung eines leidenden Gegenübers ausgelöst wird, sondern dass es eine in der Persönlichkeitsstruktur und in der sozial geteilten Wertigkeit generalisierte Einstellung bildet. Damit stehen sich Affekt und Vernunft keineswegs so unvermittelt, wie oft unterstellt, gegenüber, sondern verbinden sich in der Identifikation mit dem generalisierten Anderen. Auf diese Weise wird Mitleid zu einem Wert verstetigt. Es bildet die äußerste Instanz zur Entscheidung dafür, einer bedrängten Existenz Hilfe zu leisten – gegebenenfalls auch gegen Einsprüche der Vernunft und ohne nach Schuld, Ursache und Gründen zu fragen.

Helfen ist allerdings nicht möglich ohne die Kraft des eigenen Selbst und seine Bejahung. Daraus ergibt sich ein Einwand gegen Schopenhauers Deutung des moralischen Verhaltens als Rücknahme der Individuation. Wie kann, gemäß der schopenhauerschen Willensmetaphysik, ein sich als Wille aufgebendes Subjekt, ein Nicht-Subjekt, überhaupt noch moralisch *empfinden* und *handeln*? Unter dieser Voraussetzung bleibt die Möglichkeit von Moral in letzter Instanz ein Geheimnis, und Schopenhauer räumte dies auch offen ein. Der Prämisse dieses Schlusses kann jedoch entgegengehalten werden, dass moralisches Handeln nicht das Aufgeben des Selbst und die Herstellung von Ungetrenntheit beinhaltet, sondern Achtung des Anderen. Dessen Interessen erscheinen unter gleichen Bedingungen als nicht weniger berechtigt denn die entsprechenden eigenen.

Damit erhält die Selbsterhaltung durchaus eine gewisse moralische Dignität. Schopenhauer hat mit seiner erwähnten frühen »Dialektik« von Selbstmitleid und Mitleid bereits eine tieferliegende Schicht subjektiver Struktur freigelegt, auf die auch Horkheimer in seinem eingangs zitierten Schneckengleichnis gestoßen war. Egoismus ist demnach nicht der Gegenpol schlechthin zum Moralischen, er ist auch dessen Voraussetzung. Was wir für Andere sein können, hängt nicht zuletzt von unserem Selbstverhältnis ab.

Dies wird vielleicht erst aus einer Umkehrung der schopenhauerschen Mitleidsperspektive ganz ersichtlich. Seine altruistische Verkürzung der Moral reduzierte denjenigen, dem Mitleid zuteil wird, auf ein passives Objekt, sei es der Rücksicht (»Gerechtigkeit«), sei es des Wohlwollens (»Menschenliebe«). Demgegenüber geht ein symmetrisches Moralverhältnis von Subjekten aus, die aktiv die Achtung ihres Selbst setzen und einfordern und darüber hinaus Wohlwollen durch eigene empathische Zuwendung evozieren.

Marx, Nietzsche, Freud –
Die Kehrseite der Moral

Am 30. Januar 1943 schrieb Wolfgang Hoffmann, Hauptmann in einem deutschen Polizeibataillon, das während des Zweiten Weltkriegs im besetzten Polen stationiert war, einen Brief an seine übergeordnete Dienststelle. Darin begründete er seine Weigerung, einem Befehl seines Bataillonskommandeurs zu folgen. Diesem Befehl entsprechend sollten sich die Angehörigen des Bataillons verpflichten, den Polen keine Lebensmittel zu stehlen. Hoffmann empfand die Forderung nach einer solchen schriftlichen Selbstverpflichtung als überflüssig und darüber hinaus als Zumutung, da er und seine Männer als »anständige Deutsche« mit »einwandfreier weltanschaulicher Überzeugung« sich ihrer Verpflichtungen sehr wohl bewusst seien. Die Befolgung der »deutschen Normen von Moral und Haltung« beruhe, so schrieb er, »auf innerer Freiwilligkeit und [wird] nicht aus Sucht nach Vorteilen oder aus Furcht vor Strafe begründet. [...] Als Offizier aber bedaure ich, mich in meiner Auffassung in Gegensatz zu der des Herrn Batl.-Kommandeurs stellen zu müssen und in diesem Fall den Befehl nicht ausführen zu können. Ich muß es ablehnen, eine allgemeine Erklärung zu unterschreiben.«[1]
Der Historiker Daniel Goldhagen, der diesen Vorgang wiedergibt, beschreibt eingehend die Funktion dieses Polizeibataillons und vergleichbarer Einheiten. Diese waren keine eigentlich nazistischen Organisationen, sondern bestanden aus älteren Dienstverpflichteten, deren soziale Zusammensetzung weitgehend dem deutschen Bevölkerungsdurchschnitt entsprach. Sie hatten, neben den üblichen polizeilichen Ordnungsfunktionen, vor allem die Aufgabe, für die Ergreifung und Ermordung der jüdischen Bevölkerung oder in deren Transport in die Konzentrationslager zu sorgen. Dabei ver-

übten sie unvorstellbare Gräuel, die, selbst an den eigenen Handlungszielen gemessen, unnötig waren. Und sie taten dies, so Goldhagen, im Wesentlichen freiwillig. »Nicht wirtschaftliche Not, nicht die Zwangsmittel eines totalitären Staates, nicht sozialpsychologisch wirksamer Druck, nicht unveränderliche psychische Neigungen, sondern die Vorstellungen, die in Deutschland seit Jahrzehnten über Juden vorherrschten, brachten ganz normale Deutsche dazu, unbewaffnete, hilflose jüdische Männer, Frauen und Kinder zu Tausenden systematisch und ohne Erbarmen zu töten.«[2]

Die spezielle Befehlsverweigerung des Hauptmanns Hoffmann, den Goldhagen als fanatischen, wenn auch nervenschwachen Judenmörder beschreibt, zeigt – wenn wir Hoffmann in einem gewissen Ausmaß als repräsentativ ansehen können – zweierlei. In der Sicht der Täter waren Morde und Grausamkeiten an Juden durchaus vereinbar mit Normbefolgung und Ehrbewusstsein. Und die Täter sahen sich nicht nur selbst als freiwillig Handelnde, die über die schlichte Handlungsregulation durch Belohnung und Bestrafung erhaben waren, sie konnten ihre moralische Autonomie sogar durch gelegentlichen Widerspruch gegenüber ihren Vorgesetzten zum Ausdruck bringen. Die besondere Energie, die von ihnen aufgebracht wurde, um zu quälen und grausam zu töten, ist das Indiz ihrer intrinsischen, auf Überzeugung beruhenden Motivation. Ausgehend von den absurden Voraussetzungen ihrer Weltanschauung, zogen sie zweckrationale Schlüsse, kalkulierten Mittel und gingen schließlich gar mit einer gewissen Freude und Befriedigung ans Werk. Hoffmann verkörpert den Typus des moralischen Schlächters.

Fachwissenschaftlichen Einwänden zum Trotz, die Goldhagen unzulässige Vereinfachungen und ein allzu reduktionistisches Erklärungsschema des Holocaust attestierten, traf dieser mit seinen Darstellungen offenbar einen Nerv. Die provokative Wirkung seines Buches beruhte vor allem auf einer suggestiven Thematisierung der moralischen Verantwortlichkeit, mit der es sich von anderen wissenschaftlichen Darstellungs- und Erklärungsweisen absetzte. Goldhagen insistierte auf Fragen wie diesen: Wie kann sich eine mörderische Handlungsweise den Anschein einer selbstverständlichen Moralität geben? Wie können humane Wert- und Zielvorstellungen einer Kultur durch eine inhumane Ideologie unterlaufen werden?

Die Verbrechen, für die jener Hoffmann steht, wurden nicht auf dem Hintergrund der Suspendierung einer moralischen Unterscheidung von Gut und Böse begangen, sondern gerade auf der Basis solcher Vorstellungen. Werte wie Verlässlichkeit, Gerechtigkeit, Pflicht, Opferbereitschaft, Gemütsqualitäten wie Ehre, Mut, Tierliebe, Naturverbundenheit erwiesen sich als vereinbar mit der Bereitschaft, schlimmste Grausamkeiten zu verüben, ja geradezu als notwendig, um den Mord vor sich und anderen zu rechtfertigen und die eigene Identität zu bewahren. Die Täter mussten ihr Gewissen nicht betäuben, sie hatten ein *gutes* Gewissen, weil sie »die Juden« als bedrohliche, nicht eigentlich menschliche Macht ansahen. »Der Jude wurde von uns nicht als Mensch anerkannt«[3], zitiert Goldhagen die spätere Aussage eines Polizeischergen. Die Moral fungierte als Lizenz zum Mord.

Für die Ethik ergibt sich daraus grundsätzlich die Herausforderung, auch die Schattenseiten der Moral und implizite Ausgrenzungen mitzureflektieren, also diejenigen Mechanismen einzubeziehen, die die Anwendung moralischer Prinzipien korrumpieren und ihre universelle Verwirklichung verhindern können. Diese Mechanismen sind gesellschaftlicher, kultureller und psychischer Art und hängen offenbar eng mit den Entstehungsprozessen von Moral zusammen.

Der Verdacht, die Moral könnte sich aus durchaus trüben Quellen speisen, ist paradigmatisch vor allem mit drei Namen verbunden: Karl Marx (1818–1883), Friedrich Nietzsche (1844–1900) und Sigmund Freud (1856–1939). Diese verstanden sich selbst nicht als Ethiker, sind aber für die Geschichte der Ethik wichtig als *Kritiker* der Moral, wobei sie selbst auch (mehr oder weniger uneingestanden) moralische *Ziele* verfolgten. Sie kritisierten die vorfindliche Moral als Reflex ökonomischer Verhältnisse (Marx), als Ausdruck eines teils kulturellen, teils natürlichen Herdeninstinkts (Nietzsche) oder als psychische Triebhemmung mit teilweise neurotischen Ausdrucksformen (Freud). Die drei Ansätze sind unabhängig voneinander entstanden, verdanken sich jedoch demselben wissenschaftlichen Geist des 19. und beginnenden 20. Jahrhunderts, in dem normative Geltungsansprüche der Moral und Ethik auf Funktionen der Selbst- und Systemerhaltung reduziert wurden. Zurückgewiesen wurden damit nicht bestimmte Konzeptionen von Ethik, vielmehr galt die Kritik der bestehenden Moral selbst. Wenn nach Marx die herrschende Moral die Moral der Herrschenden ist, wenn nach Nietzsche Moral ein Spezialfall der Unmoralität ist, wenn nach Freud Moral verinnerlichte und wieder nach außen projizierte Aggression ist, dann wird – im Prinzip – auch eine Gestalt wie jener Hauptmann Hoffmann begreifbar als Ausdruck gesellschaftlicher Herrschaftsverhältnisse, kultureller Verzweigungen des Willens zur Macht oder abgespalten-autoritärer Über-Ich-Strukturen.

Karl Marx hat keine speziellen Untersuchungen zu Moral und Ethik verfasst, vielmehr sind seine moralkritischen Gedanken in seinen politisch-ökonomischen Schriften verstreut. Er sprach der Moral von vornherein einen selbstständigen Geltungsanspruch ab. Im Rahmen seiner materialistischen Geschichtsauffassung deutete er sie als Ausdruck der jeweiligen Klasseninteressen. Damit einher ging eine neuartige Orientierung der ethischen Ansprüche einer politischen Theorie. War die Sozialethik, von Platon über Hobbes bis zu Hegel, auf eine vernünftige Einrichtung des *Staates* bezogen gewesen, so lag der praktische Zielpunkt der marxschen Theorie in einer vernünftigen Einrichtung der *Arbeitsverhältnisse*, mithin der materiellen Grundlagen des sozialen Lebens. Denn den Staat und seine Institutionen betrachtete Marx, nicht anders als die Moral, bloß als Reflex der ökonomischen Verhältnisse. Über die Kritik der Religion kam der junge Marx auch zu einem ethischen Ausdruck des politisch-emanzipatorischen Interesses: »Die Kritik der Religion endet mit der Lehre, daß der Mensch das höchste Wesen für den Menschen sei, also mit dem kategorischen Imperativ, alle Verhältnisse umzuwerfen, in denen der Mensch ein erniedrigtes, ein geknechtetes, ein verlassenes, ein verächtliches Wesen ist [...].«[4]

Moral und Ethik waren für Marx, trotz der Anlehnung an Kants kategorischen Imperativ, kein eigenständiger Bereich, innerhalb dessen die Vernunft sich zur Geltung bringt, sondern nur ein Ausdruck der Lebensverhältnisse und Interessen. Denn »nicht das Bewußtsein bestimmt das Leben, sondern das Leben bestimmt das Bewußtsein«[5]. Aus diesem Grund lehnte Marx es auch ab, für sein politisches Ziel, die Revolutionierung der kapitalistischen Produktionsverhältnisse, moralisch zu argumentieren. Obwohl seine gesellschaftlichen Diagnosen durchaus moralisch gefärbt waren – er sprach hinsichtlich der ökonomischen Verhältnisse unter anderem von »Ausbeutung«, »Raub«, »Gewalt«, »Täuschung«, »Diebstahl« –, hielt er moralische Anklagen grundsätzlich für nutzlos und überflüssig. Stattdessen berief er sich auf viel mächtigere Kräfte, nämlich auf Tendenzen der geschichtlichen Entwicklung: auf die objektive Dialektik von technischen Produktivkräften und sich diesen jeweils neu anpassenden sozialen Produktionsverhältnissen sowie, davon abhängig, auf materielle Interessen der Ausgebeuteten, die sich in sozialen und politischen Bewegungen bündelten. So gab es in dieser Sichtweise mindestens zwei Moralen, die sich unvereinbar gegenüberstanden, nämlich die Moral der Herrschenden und die der Beherrschten. Ihre Gegensätze ließen sich nicht durch ethische Reflexion aus der Welt schaffen, sondern nur durch gesellschaftliche Veränderungen.

Während die subjektive Moral und die Vernunftethik (besonders des kantischen Typus) Ansprüche an die Verhältnisse herantragen, die diesen selbst ganz äußerlich sein können, beanspruchte Marx, hierin Hegels Vorbild folgend, die Wirklichkeit an den ihr selbst immanenten Maßstäben zu messen.

Eine moralische Kritik war dies in dem objektiven Sinn, dass sie voraussetzte, in der gesellschaftlichen Wirklichkeit seien selbst schon moralische Ansprüche enthalten. Beispielhaft dafür ist Marx' Mehrwerttheorie: Auf dem Arbeitsmarkt treten sich die Besitzer von Produktionsmitteln (Kapitalisten) und die Besitzer von Arbeitskraft (Arbeiter) als freie und gleiche Vertragspartner gegenüber, die zum jeweils eigenen, legitimen Nutzen handeln. »Die Sphäre der Zirkulation oder des Warentausches, innerhalb deren Schranken Kauf und Verkauf der Arbeitskraft sich bewegt, war in der Tat ein wahres Eden der angeborenen Menschenrechte. Was hier allein herrscht, ist Freiheit, Gleichheit, Eigentum, und Bentham.«[6] Der der Zirkulation immanente moralische Anspruch besteht in der Äquivalenz der getauschten Güter. Diese sah Marx durchaus als gegeben an: »Der Arbeiter [...] hat den Tauschwert seiner Arbeitskraft bezahlt erhalten und hat damit ihren Gebrauchswert veräußert – wie das bei jedem Kauf und Verkauf der Fall.«[7] Zugleich aber sah Marx das Äquivalenzpostulat durch die Eigentümlichkeit der Ware Arbeitskraft doch auch als verletzt an. Diese besondere Ware schafft nämlich im Verlauf ihrer Konsumtion durch den Kapitalisten, durch die Produktion anderer Waren, mehr an Wert, als sie selbst zu ihrer Reproduktion benötigt. Dies ist der »Mehrwert«, den sich der Kapitalist aneignet. Da im Produktionsprozess eben jene Forderung nach Äquivalenz und damit nach Gerechtigkeit verletzt wird, kann die Aneignung des Mehrwerts moralisch als »Ausbeutung« kritisiert werden.

Angesichts krasser Ungleichheiten von Lebenschancen klagte Marx soziale Gerechtigkeit auch und gerade dort ein, wo eine formelle Gleichheit der Rechtsverhältnisse herrschte. Sein Gerechtigkeitsbegriff bezog sich also weniger auf die Verletzung von Recht als auf dessen Aushöhlung, auf die immanente Verkehrung von Recht in Unrecht. Wenn man in diesem Sinne sagen kann, dass seine gesamte politisch-ökonomische Theorie auf die Kritik sozialer Ungerechtigkeit und auf die Verwirklichung sozialer Gerechtigkeit abzielte, dann allerdings auch, dass die Reduktion von Moral auf falsches Bewusstsein und Scheinlegitimation sich nur auf einen bestimmten Ausschnitt von Moral und Ethik bezog, nämlich die Bildung von Privateigentum und den Umgang damit. Seine Kritik zielte so auf die moralische Scheinrechtfertigung von Besitzverhältnissen, die er im Namen eines weitergehenden moralischen Legitimationsanspruchs infrage stellte.

Tatsächlich liefert der Kapitalismus bis heute genügend Beispiele für die Ohnmacht und zugleich für das Verschleiernde moralischer Einsprüche – ein aktuelles Beispiel dafür sind jene oft zu hörenden moralischen Appelle von Politikern, die global wirtschaftenden Konzerne sollten aus moralischer Verantwortung für das einheimische Gemeinwesen darauf verzichten, ihre Produktionsstandorte in Länder mit deutlich billigeren Produktionskosten und niedrigeren Löhnen zu verlagern. Diese Art von Moralisieren greift zu kurz, da es die entscheidenden politisch-ökonomischen Rahmenbedingungen des unternehmerischen Handelns vernachlässigt oder unkritisch bestehen lässt.

Dass sich allerdings – um an die Eingangsepisode anzuschließen – eine Ideologie, Moral und Praxis wie die des Nationalsozialismus insgesamt aus ökonomischen Prozessen und Interessen direkt ableiten lasse, ist kaum plausibel. Der kausale Determinationszusammenhang, den Marx zwischen ökonomischer Basis und ideologischem Überbau behauptete, lässt sich wohl kaum bis hin zur Moralauffassung jenes Hoffmann nachkonstruieren. Je mehr man aber dem komplexen Phänomen der Moral, die, wie die geschilderte Episode zeigt, schon in sich widersprüchlich ist, empirisch gerecht werden mag, desto mehr wird man auch ein komplexeres Modell der Wechselwirkung zwischen Moral und Lebensformen jenseits monokausaler Pauschalerklärungen annehmen müssen. Dieser Einwand kann als grundsätzliche Kritik des Empirismus in der Ethik formuliert werden: Dessen Fehler liegt darin, kausale Wirkungszusammenhänge menschlicher Praxis als hinreichende Bedingungen tatsächlich vorhandener Einstellungen oder stattfindender Praxis auszugeben. Mit der Überdehnung solcher Erklärungen verfehlt der Empirismus den Sinn von Moralität, zu der Freiwilligkeit und Verantwortlichkeit unabdingbar gehören.

Auch die scharfsinnige und glänzend vorgetragene Moralkritik von *Friedrich Nietzsche* war offensichtlich moralisch motiviert. Vor dem Hintergrund der naturwissenschaftlichen Durchdringung der Welt ordnete er sich selbst historisch an einer Epochenschwelle ein, an der man Moral gar nicht mehr als vernünftige Bestimmung der Handelns konzipieren könne, weil die Grundvoraussetzung aller moralischen Selbstbestimmung, der »freie Wille«, nicht mehr gegeben sei. Er bestritt, dass moralische Urteile an sich wahrheits- oder geltungsfähig seien, und beurteilte die traditionelle Moral und Ethik insgesamt als Oberflächenphänomen. Moralische Werturteile waren für ihn nur Ausdruck von Lebenskräften, von Konstellationen jener Urkraft, die er in umwertender Anlehnung an Schopenhauer den »Willen zur Macht« nannte. Zu Schopenhauers Ethik der Verneinung des Willens entwarf er das Gegenstück einer Ethik der Bejahung des Willens. Seinem Zeitalter stellte er die Diagnose einer tiefreichenden moralisch-kulturellen Krise. Er verachtete die politisch-moralischen Strömungen seiner Zeit und deren Werte: den deutschen Nationalismus und Antisemitismus, aber auch die Demokratie, den Sozialismus und vor allem das Christentum, dem er eine lebensverneinende Entwertung der diesseitigen Welt zugunsten einer jenseitigen vorwarf. Er machte es sich zur Aufgabe, einerseits die falschen Ansprüche und Gewissheiten der Moral zu entlarven und die wahren Gründe der moralischen Krise aufzudecken und andererseits kulturschöpferisch einer kommenden Zeit neue Werte zu verkünden.

Um die abgründigen Quellen und Ziele der bisherigen abendländischen Moral und Ethik aufzuspüren, nahm Nietzsche – zunächst ganz im Sinn eines kühlen naturwissenschaftlichen Beobachters – einen Standort »jenseits von Gut und Böse«

ein, indem er sich von allen kulturell vorgegebenen moralischen Ansichten zu befreien suchte. Dies ist die Einstellung des distanzierten Moralpsychologen, für den die Moral in erster Linie eine zu analysierende Funktion für die Stabilisierung von gemeinschaftlichen wie individuellen Selbstwertgefühlen darstellt. So führte er moralische Prinzipien der rechtlichen Gleichheit oder des Mitgefühls auf Bedürfnisse der Leidensreduzierung zurück oder spürte in den Gesten der moralischen Selbsterniedrigung Bedürfnisse nach Rache und Beherrschung auf. Und hinter der von Kant in Anspruch genommenen reinen praktischen Vernunft erblickte er tiefverwurzelte Ressentiments. »Die Furcht ist [...] die Mutter der Moral.« »Die hohe unabhängige Geistigkeit, der Wille zum Alleinstehn [...] werden als Gefahr empfunden; alles, was den einzelnen über die Herde hinaushebt und dem Nächsten Furcht macht, heißt [...] *böse*; die billige, bescheidene, sich einordnende, gleichsetzende Gesinnung, das *Mittelmaß* der Begierden kommt zu moralischen Namen und Ehren.«[8]

Für Nietzsche enthüllte sich die entscheidende Bedeutung der moralischen Begriffe vor allem durch ihre Entstehungsgeschichte. Insofern war er ein Moralgenealoge, also ein Erforscher der Herkunft der Moral. Diese Herkunft suchte er einerseits gesellschafts- und kulturhistorisch in früheren Konstellationen von Herrschenden und Beherrschten, andererseits in der Biologie, indem er die Moral auf Lebensinstinkte zurückführte, die jeweils die Perspektive des für wahr und wertvoll Erachteten determinieren. Er unterschied nun genealogisch zwei Arten von Selbstbehauptungsperspektiven, die er »Herrenmoral« und »Sklavenmoral« nannte, je nachdem ob Herrschende oder Beherrschte das bestimmen, was als »moralisch gut« gilt. Die »Herrenmoral« – Nietzsche sah sie ursprünglich in der aristokratischen Kriegermoral des homerischen Zeitalters verkörpert – hat vor allem die Funktion der Selbststeigerung und Selbstverherrlichung, der Distanzierung von den Beherrschten. Demgegenüber hat die »Sklaven-Moral« – Nietzsche rechnete zu ihr letztlich die gesamte Tradition, insbesondere aber Christentum, Pflichtethik, Utilitarismus, Mitleidsethik – die Funktion, die missliche Lage der Beherrschten bewältigen zu helfen, indem sie Freiheit und Glück für alle postuliert und die Tugenden des Dienens und Duldens aufwertet.

Nietzsche verstand sich nicht nur als Moralpsychologe und -genealoge, sondern auch als Arzt der Kultur, als Moraltherapeut, der auf die Veränderung herrschender Wertvorstellungen hinwirken wollte. Das Kriterium seiner eigenen, alternativen Bewertung war die »Gesundheit«. Das moralische Recht höherer Ordnung hat nach Nietzsche nur, wer damit »lebensbejahend«, »lebenssteigernd« wirkt. Solche alltagsmedizinischen oder -physiologischen Ausdrücke waren nicht buchstäblich, sondern metaphorisch gemeint. Allerdings ist nicht leicht zu sagen, wofür genau die Metapher der »Gesundheit« bei Nietzsche steht. Sie bezieht sich auf die Triebkraft alles Lebens, den »Willen zur Macht«. Was aber ist dieser »Wille zur Macht«? Ist er das natürliche Substrat alles Lebendigen oder eher ein Kulturideal? Nietzsches Ausführungen dazu sind höchst vieldeutig. – Versucht man, Nietzsches Perspektive auf das Moralproblem jenes Hauptmanns Hoffmann anzuwenden, so findet man genügend Anhaltspunkte, um die nicht nur amoralischen, sondern unmoralischen Anteile der »deutschen Normen von Moral und Haltung« zu erkennen. Freilich ist der »Wille zur Macht« ein Passepartout, in dem man ebenso den Befehl des Kommandeurs wie die Weigerung des Hauptmanns wie auch gegebenenfalls selbst den Widerstand gegen die Mordmaschinerie unterbringen kann.

Da der »Wille zur Macht«, wie schon Schopenhauers »Wille«, metaphysisch so umfassend konzipiert war, dass er schlechthin allem, auch der Hemmung und Unterdrückung seiner selbst zugrunde liegt, verstrickte Nietzsche sich in Aporien. Wenn er zum Beispiel der sokratisch-christlichen Moral vorhielt, sie habe einer minderwertigen Perspektive von »Kranken« zum Sieg verholfen, dann dementierte er damit gerade sein »physiologisches« Kriterium, dass die erfolgreichere Selbstbehauptungsperspektive auch die gesündere und wertvollere sei. Um solchen Unklarheiten zu entgehen, brachte er für die Bewertung von Moral neben dem physiologischen Kriterium einen weiteren Maßstab zur Geltung, nämlich den der kulturellen Hochleistung. Hatte er der »Sklavenmoral« und damit den Hauptströmungen der abendländischen Ethik das gemeinsame Grundmotiv zugeschrieben, die Furcht vor dem Leiden zu kanalisieren, so rechtfertigte er mit der archaischen »Herrenmoral« das Leiden im Hinblick auf die dadurch ermöglichten Ergebnisse: »Die Zucht des Leidens, des *großen* Leidens – wisst ihr nicht, dass nur *diese* Zucht alle Erhöhungen des Menschen bisher geschaffen hat? Jene Spannung der Seele im Unglück, welche ihr die Stärke anzüchtet, ihre Schauer im Anblick des großen Zugrundegehens, ihre Empfindsamkeit und Tapferkeit im Tragen, Ausharren, Ausdeuten, Ausnützen des Unglücks, und was ihr nur je von Tiefe, Geheimnis, Maske, Geist, List, Größe geschenkt worden ist – ist es nicht ihr unter Leiden, unter der Zucht des großen Leidens geschenkt worden?«[9]

Auch Nietzsches Berufung auf die anthropologischen Züchtungserfolge der Kultur war in sich zweideutig. Wenn er behauptete, fast »alles, was wir ›höhere Kultur‹ nennen, beruht auf der Vergeistigung und Vertiefung der Grausamkeit […]; jenes ›wilde Tier‹ [im Menschen] ist gar nicht abgetötet worden, es lebt, es blüht, es hat sich nur – vergöttlicht«[10], dann war das nicht als Argument gegen die Kultur, sondern für die Grausamkeit gemeint. Andererseits: Wenn sein Programm lautete: »den Menschen […] zurückübersetzen in die Natur«[11], warum beschwor er dann die »Grausamkeit« des Natürlichen und berief sich nicht auf moralfreie Naturgesetze? Denn die Natur ist ja nicht »grausam«; »Grausamkeit« ist eine unabdingbar kulturelle Empfindung beziehungsweise ein moralisch wertender Ausdruck. Ein Grund für diese Zweideutigkeit wird im historischen Abstand zu Nietzsche sichtbar. Nach wie vor erfreut sich sein Programm, Mensch und

Kultur auf Natur zu reduzieren, insbesondere in Gestalt soziobiologischer und neurophysiologischer Erkenntnisse, die oft quasimetaphysisch überhöht werden, höchster Beliebtheit. Aber anderthalb Jahrhunderte solcher naturwissenschaftlichen Reduktionen stellten auch einen Gewöhnungsprozess an diese Sichtweise des Menschseins dar. Während man sich heute gegenüber der kulturellen Tradition von Ethik und Metaphysik szientifisch abgeklärt gibt, entzifferte Nietzsche – hierin noch ganz der Nachfolger Schopenhauers – den »schrecklichen Grundtext *homo natura* [der Mensch ist Natur]«[12]. Er erlebte den Siegeszug der modernen wissenschaftlichen Perspektive noch als eine Art Kulturschock der Auflösung aller sinnhaften Ordnungen, er »betrachtete sich als jemanden, der in einem moralischen Vakuum schreibt«[13].

Diese Annahme prägte Nietzsches ebenso tiefgründige und anregende wie widersprüchliche und für Missverständnis und Missbrauch offene Texte. Man kommt seinen eigentlichen Intentionen nur dann auf die Spur, wenn man erkennt, dass dort nichts als unmittelbar geltend behauptet wird, vielmehr alles auf ein kritisiertes Gegenüber bezogen ist. So ist auch die von ihm favorisierte »Herrenmoral« das ins Archaische zurückprojizierte Spiegelbild seiner oft nur allzu berechtigten Moralkritik. Nietzsche blieb, wie Theodor W. Adorno (1903–1969) feststellt, bei der abstrakten Negation der Moral stehen, ohne deren emanzipatorische Gehalte zu berücksichtigen. Seine positiven Tugenden wie »Vornehmheit«, »schenkende Tugend«, »Distanz«

»… sind in Wirklichkeit alle feudale Normen, die unmittelbar in einer bürgerlichen Gesellschaft gar nicht zu realisieren sind; […] gerade diese neuen Werte, die dem expansiven Wilhelminischen nachsiebziger Reich sich entgegengestellt haben, sind gegen ihren eigenen Willen, aber objektiv die Ideologie des expansiven Imperialismus geblieben. […] Nietzsche hat verkannt, dass die von ihm kritisierte sogenannte Sklavenmoral in Wahrheit immer Herrenmoral, nämlich die von Herrschaft den Unterdrückten aufgezwungene, gewesen ist.

Wäre seine Kritik so konsequent, wie sie sein müßte und wie sie es doch nicht ist – weil er eben selber im Bann der bestehenden gesellschaftlichen Verhältnisse steht, weil er bei den Menschen auf den Grund dessen geschaut hat, was sie geworden sind, aber nicht der Gesellschaft auf den Grund geschaut hat, die sie dazu gemacht hat –, dann müßte diese Kritik umschlagen auf die Bedingungen, welche die Menschen determinieren, welche [...] einen jeden von uns zu dem gemacht haben, was wir sind.«[14]

Auch *Sigmund Freud* hat in hervorragender Weise »den Menschen auf den Grund geschaut«. Und auch für ihn war die Moral kaum etwas Authentisches, sondern etwas aus der unbewussten Triebökonomie Abgeleitetes. Freud verstand sich nicht als Philosoph, sondern als Neuropathologe und Arzt, dem es um die Erforschung und Therapie psychosomatischer Erkrankungen ging. Der Eigenlogik seines Gegenstandes folgend, ergründete er die psychischen Erlebnisstrukturen und ihren Aufbau auch und vor allem in ihrer unbewussten Dimension. Ausgehend von neurotischen und psychotischen Krankheitssymptomen, zog er Rückschlüsse und fand Parallelen zum Seelenleben der Normalen derart, dass der Unterschied zwischen beiden nur noch als gradueller erschien. Träume und frei-assoziative Erzählungen seiner Patienten waren das Material seiner Deutungen. Der Traum als normales seelisches Phänomen eröffnete die Perspektive auf eine allgemeine Psychologie des Unbewussten.

Freud verstand die Krankheitssymptome seiner Patienten als Fremdkörper des scheinbar Sinnwidrigen und Sinnlosen, die sich in die Sinnstrukturen ihres Bewusstseins eingelagert hatten. Was, fragte er zum Beispiel, »bedeuten« die physiologisch unerklärlichen Gesichtsschmerzen einer Hysterikerin? Die therapeutische Frage, wie diese Einsprengsel ins Sinngefüge des bewussten Erlebens und Handelns zurückgeholt werden können, führte ihn zur Frage nach ihren Entstehungsbedingungen. Dabei rückten typische Konfliktszenarien widerstreitender Handlungsmotive in den Blick, die sich im Verlauf der psychischen Entwicklung des Menschen verändern und immer wieder neu gelöst werden müssen. Das Funktionsmodell des psychischen Konflikts war dabei das der Verdrängung von anstößigen Bedürfnissen, die für das Subjekt in seinem sozialen Gefüge derart bedrohlich sind, dass es sie ins Unbewusste verbannt, wo sie freilich virulent bleiben. Auf diesem Weg ließ sich der abweichende Sinn des scheinbar unsinnigen symptomatischen Erlebens und Handelns erklären. So symbolisierten jene Gesichtsschmerzen unmittelbar körperlich eine uneingestandene frühere Kränkung, die wie ein »Schlag ins Gesicht« gewirkt hatte. Solche Symptomatiken ließen sich in dem Maße auflösen, in dem es gelang, die zugrunde liegenden Konflikte zur Sprache und zum Bewusstsein zu bringen.

Auf die Rolle der Moral in unbewussten Konfliktkonstellationen stieß Freud bei der Behandlung verschiedener Krankheitsformen wie der Hysterie, der Zwangsneurose oder der Depression. Für die Frage der Ethik sind dabei nicht so sehr die internen Abgrenzungen zwischen den Krankheitsbildern wichtig, sondern die Verbindungen zur Psychopathologie des alltäglichen Verhaltens. Und auch Freud selbst ging über die Fragen der Therapie und der Krankengeschichten weit hinaus und erörterte Fragen der Entwicklungspsychologie des Individuums, der Kultur- und Naturgeschichte der Moral sowie allgemein der Kulturkritik. Gemeinsam war den entsprechenden Lebensgeschichten nun das krankmachende Potenzial von Moral, genauer: ein Übermaß an Moral – wobei hier an die strenge Moral der viktorianischen Epoche, die besonders die Frauen einschnürte, zu denken ist; später kam in der psychoanalytischen Forschung auch das umgekehrte Syndrom in den Blick, der Mangel an Moralsinn, der bei einigen Formen der Delinquenz zu finden ist. Freud fand in der Hysterie verpönte sexuelle Wünsche, in der Zwangsneurose und in der Depression unterdrückte aggressive Impulse, die jeweils im unlösbaren Konflikt mit einer allzu rigiden Moral lagen. Dies verwies zugleich kulturdiagnostisch auf die

Zerbrechlichkeit von Moral: Unter der Oberfläche der gesellschaftlich sanktionierten Moral registrierte Freud eine kaum gezähmte, gegen die Mitmenschen, die innere und äußere Natur gerichtete Neigung zu Gewalt, Raub und Destruktion. Deren gesellschaftlich geforderte Unterdrückung führte fast notwendig zu Neurosen, da der Mensch im Allgemeinen »das Maß von Versagung nicht ertragen kann, das ihm die Gesellschaft im Dienst ihrer kulturellen Identität auferlegt«[15]. So sah er den modernen Menschen eingeklemmt zwischen repressiver Moral und libidinösen oder aggressiven Wünschen, die aus der Verdrängung ins Unbewusste in entstellter Form wiederkehren.

Zwischen den psychischen Instanzen des »Über-Ich« (den verinnerlichten moralischen Regeln) und des »Es« (den angeborenen wie auch den verdrängten Triebanteilen) steht das »Ich« als die Instanz der Verarbeitung, aber auch der Abwehr von Trieb- wie Kulturansprüchen. Das Ich galt dabei als die schwächste der Instanzen: »ein armes Ding, welches unter dreierlei Dienstbarkeiten steht und demzufolge unter den Drohungen von dreierlei Gefahren leidet, von der Außenwelt her, von der Libido des Es und von der Strenge des Über-Ichs«[16]. Das Ich nimmt die Differenz zwischen sich selbst und dem moralischen Über-Ich als Schuldgefühl und Angst vor Liebesverlust wahr. Im unbewussten Schuldgefühl sah Freud ein Kernproblem der modernen Gesellschaft.[17] Denn nicht weniger gefährlich als die ursprünglichen Gewaltimpulse sind die aus der Verdrängung heraus sich Bahn brechenden, die sich nun der Verstandesleistungen des Ich bedienen.

So wäre Freud über die von Goldhagen enthüllten Gräuel keineswegs überrascht gewesen. Die Psychoanalyse untergrub das Vertrauen in die Wirksamkeit von Moral und hielt brave Familienväter nie von vornherein für harmlos. Die Grenzziehung zwischen angepasster Moralität und mörderischem Exzess galt ihr als wenig sicher. Freilich dürften die Handlungen der »moralischen Schlächter« in der Regel nicht ohne massive Regressionen und nicht ohne die Mobilisierung entsprechender Abwehrmechanismen in das moralische Bewusstsein integriert worden sein. Dann aber konnten moralische Gefühle, Normen und Ideale wie Gerechtigkeit, Würde, Scham, Fürsorge zu ganz unterschiedlich zu bewertenden Einstellungen und Handlungen führen. Es gibt keine moralischen Leitvorstellungen, die sich nicht auch für pathologische Lebensformen funktionalisieren ließen. Sogar mit dem Massenmord lassen sie sich vereinbaren, wenn die Mörder projektiv sich selbst zu potenziellen Opfern stilisieren und die wirklichen Opfer aus der Gruppe derjenigen Wesen ausschließen, für die die Moralbegriffe überhaupt als relevant angesehen werden. So erhält auch das Prinzip der Autonomie, der Selbstgesetzlichkeit des Willens, unter bestimmten sozialen Bedingungen, wenn die Individuation massiv an Selbstrepression geknüpft ist, einen destruktiven Nebensinn. Unter den Motiven, die Hitlers willige Vollstrecker beseelten, dürfte die Steigerung ihres durch innere Leere, Angst und Todeserfahrungen bedrohten Selbstwertgefühls nicht das geringste gewesen sein.

Dem psychoanalytischen Konfliktmodell zufolge muss für das Individuum in seiner Entwicklung ein starker Anreiz angenommen werden, um repressive Moralnormen auch zu verinnerlichen. Diesen Anreiz leitete Freud aus dem Mechanismus der Identifikation mit den Eltern ab. Das heranwachsende Kind sieht sich selbst nicht nur als Träger seiner Wünsche, sondern zugleich mit den Augen seiner Bezugspersonen. Es bildet mit dem Über-Ich als der Instanz der Gebote und Verbote zugleich die Instanz des »Ideal-Ich« aus, das die positiven Wertorientierungen bündelt. So gehen sowohl der Wunsch, von den Eltern geliebt zu werden, als auch die Angst, diese Liebe zu verlieren, in die Bildung der Moral mit ein. Werden die phasenspezifischen Konflikte (etwa bei der Regelung der Nahrungsaufnahme, der Entwöhnung oder der Sauberkeitserziehung) nicht bewältigt, dann bleiben »Fixierungen« der Libido an die entsprechende Stufe zurück. So erklärte Freud beispielsweise die Zwangsneurose – mit Symptomen wie Ordnungsliebe, Sparsamkeit, Autoritätsglaube – als Fixierung auf die anale Entwicklungsphase der Kindheit. Bei der Übernahme der jeweiligen Geschlechtsrolle identifiziert sich das Kind mit dem gleichgeschlechtlichen Elternteil. In einem wichtigen Bereich kann und darf es jedoch nicht sein wie dieses, nämlich im Besitz des anderen Elternteils. Das ist die Konstellation des »Ödipuskomplexes« und des in ihm besiegelten Inzestverbots, dessen Anerkennung für Freud den Kern der Moral darstellte.

Spätere Psychoanalytiker haben kritisiert, dass Freuds Begriff der Moral allzu eng an die Verinnerlichung von Autoritäten geknüpft ist und keinen Raum für das bietet, was etwa Erich Fromm (1900–1980) als »humanistische Ethik« der autonomen Normenbejahung bezeichnete. Fromm räumte der Selbstbestimmung und kritischen Prüfung der vorgegebenen Normen einen größeren Stellenwert ein. Ähnlich argumentierte auch Eric H. Erikson (1902–1994), der mit »Moral« eine frühe Stufe der Entwicklung bezeichnete, in der Regelbefolgungen durch Sanktionen gesichert werden. Demgegenüber nannte er »Ethik« diejenige weiterentwickelte Regelorientierung, die aus Idealen der Selbstverwirklichung abgeleitet ist und rational bejaht wird. Eine solche Zweiteilung scheint im Prinzip plausibel, wenngleich noch zu grob, denn die frühen Formen der Moralität entspringen ebenfalls Idealen (nämlich solchen, die aus dem so genannten »Urvertrauen« des Kleinkindes abgeleitet werden), und andererseits bleiben auch für reifere Entwicklungsstadien Sanktionen maßgeblich.

Wenn entsprechende Unterscheidungen bei Freud selbst vorkamen, dann weniger in seinem psychologischen Instanzenmodell als in seinem Konzept des therapeutischen Prozesses und in seiner Kulturkritik. Indem die psychoanalytische Therapie auf die Befreiung von inneren Handlungszwängen abzielte, arbeitete sie an der notwendigen Voraussetzung einer nicht mehr nur autoritär strukturierten Moral. Deshalb ist sie mit einem gewissen Recht als »angewandte Ethik«[18] bezeichnet worden. Damit war nicht direkte moralische Erziehung gemeint – eine solche wäre mit dem psychoanalytischen Verfahren ganz unverträglich –, sondern eine eher indirekte Hinführung des Patienten zur Wahrhaftigkeit und Realitätstüchtigkeit. Tatsächlich hatte schon Freud darin »ein gutes Stück [der] erziehlichen Wirkung und [des] ethischen Wertes«[19] der Therapie gesehen.

Die psychologische Unterscheidung zwischen verschiedenen Idealtypen oder auch Entwicklungsstufen von Moral erlaubt es, die manchmal verwirrende, scheinbare Paradoxie einer moralisch intendierten Kritik der Moral aufzulösen. Dabei muss der Moralkritiker, welcher Provenienz auch immer, allerdings seine eigenen Maßstäbe als gültig behaupten und ausweisen. Geschieht dies, wie bei den Denkern des Verdachts, nur unzureichend, dann scheinen die Quellen der Moral und ihr Entstehungshintergrund über ihre Geltung zu entscheiden: Dass ein Moralprinzip wie zum Beispiel »Gerechtigkeit« aus Herrschaftsinteressen entstanden ist beziehungsweise ihnen dient (Marx) oder umgekehrt aus dem Bedürfnis von Beherrschten entstanden ist, die ihre Furcht beschwichtigen mussten (Nietzsche), soll es »für uns« ungültig machen. Das aber ist ein empiristischer Fehlschluss. Selbst wenn wir annehmen, dass moralische Argumente Ausdruck objektiver Kräfte – des Ökonomischen, Politischen, Physiologischen oder Psychischen – seien, ist damit noch nicht gesagt, ob sie rationaler Nachprüfung standhalten und ob sie nicht auch von Individuen vertreten werden können, deren Motivation von ganz anderen Kräften determiniert wird.

Jedoch sollte dieses begriffliche Argument der Trennung von Genesis und Geltung seinerseits nicht verabsolutiert werden. Denn moralische Werte und Normen beanspruchen Geltung nicht schlechthin, sondern in bestimmten Situationen mit bestimmten Beteiligten und Handelnden, und diese Situationen sind gar nicht anders zu verstehen und zu beurteilen als durch die Vergegenwärtigung ihrer Entstehung und des subjektiven Sinns, den die Beteiligten ihnen zuschreiben. Die alltägliche Bedeutung dessen, was wir mit einem moralischen Prädikat wie »gerecht« meinen, ist von Annahmen über die objektive oder subjektive Bedingtheit und Funktion eines entsprechenden Urteils oder einer Handlung nicht abzutrennen. Der moralische Wert einer Handlung zeigt sich in konkreten Entscheidungssituationen nicht allein aufgrund formaler Prozeduren der Rechtfertigung. Unabdingbar ist es auch, alles das an einer Situation zu erfassen, was für die moralische Bewertung entscheidend ist. Die Theoretiker des ethischen Verdachts haben den Blick dafür geschärft, unter welchen Bedingungen solche moralischen Relevanzstrukturen zustande kommen und sich wandeln, aber auch, wie sie durch Interessen und Ideologien in Dienst genommen werden können.

Die angelsächsische Metaethik –
Was bedeutet »gut«?

Zu Beginn des 20. Jahrhunderts verfasste Hugo von Hofmannsthal (1874–1929) einen Brief, den er an den Anfang des 17. Jahrhunderts verlegte. Der fiktive Schreiber dieses Briefes, Philipp Lord Chandos, wird als glänzender Kenner der literarischen und philosophischen Überlieferung eingeführt, der sich schon in jungen Jahren sehr erfolgreich als Schriftsteller betätigte. Doch im Alter von sechsundzwanzig Jahren versiegte seine Schöpferkraft. Ihm war, wie er in diesem Brief an einen Freund schrieb,

»... völlig die Fähigkeit abhanden gekommen, über irgend etwas zusammenhängend zu denken oder zu sprechen. [...] Die abstrakten Worte, deren sich doch die Zunge naturgemäß bedienen muß, um irgendwelches Urteil an den Tag zu geben, zerfielen mir im Munde wie modrige Pilze. Es begegnete mir, daß ich meiner vierjährigen Tochter [...] eine kindische Lüge, deren sie sich schuldig gemacht hatte, verweisen und sie auf die Notwendigkeit, immer wahr zu sein, hinführen wollte, und dabei die mir im Munde zuströmenden Begriffe plötzlich eine solche schillernde Färbung annahmen und so ineinander überflossen, daß ich, den Satz, so gut es ging, zu Ende haspelnd, so wie wenn mir unwohl geworden wäre und auch tatsächlich bleich im Gesicht und mit einem heftigen Druck auf der Stirn, das Kind allein ließ, die Tür hinter mir zuschlug und mich erst zu Pferde, auf der einsamen Hutweide einen guten Galopp nehmend, wieder einigermaßen herstellte. – Allmählich aber breitete sich diese Anfechtung aus wie ein um sich fressender Rost. [...] Mit einem unerklärlichen Zorn, den ich nur mit Mühe notdürftig verbarg, erfüllte es mich, dergleichen zu hören wie: diese Sache ist für den oder jenen gut oder schlecht ausgegangen; Sheriff N. ist ein böser, Prediger T. ein guter Mensch [...]. Dies alles schien mir so unbeweisbar, so lügenhaft, so löchrig wie nur möglich.«[1]

Der Brief, der diese – übrigens höchst »zusammenhängen-den« – Worte über den zerrüttenden Zweifel an der Bedeu-tung der Worte wie auch der moralischen Urteile und Bewer-tungen enthält, ist an Francis Bacon gerichtet, der mit seinem bahnbrechenden naturwissenschaftlichen Denken die tradi-tionelle Metaphysik bekämpfte und den englischen Empi-rismus begründete. Ebendiese Denkströmung ließ schließ-lich, zu Hofmannsthals Zeit, deutlich werden, dass unsere Sinneseindrücke nicht, wie jener ältere Empirismus ange-nommen hatte, eine feste Grundlage unserer Erkenntnis bil-den, sondern selbst bereits sprachlich oder allgemeiner: symbolisch strukturiert sind. Das wurde nicht zuletzt im na-turwissenschaftlichen Experiment augenfällig, in dem als Grundlage der Erkenntnis längst nur noch indirekte Beobach-tungen mittels Apparaten zählten. Eine neue, epochale Form der erkenntnistheoretischen Problemstellungen bildete sich heraus, die sich statt auf die sinnlichen Eindrücke nun vor allem auf die Sprache und die Bedeutung der Symbole bezog: der so genannte »linguistic turn« der Philosophie des 20. Jahr-hunderts. Er wurde vorbereitet durch Reflexionen, die dem radikalen Zweifel an der Zuverlässigkeit sprachlicher Bedeu-tungen Ausdruck verliehen. So hatte bereits Nietzsche in kri-tischer Absicht den Begriff der Wahrheit auf Strukturen der Sprache, und zwar gerade auf deren bildhafte, rhetorische Anteile zurückgeführt.[2] Die spätere sprachanalytische Philo-sophie diente insgesamt nicht zum wenigsten der nüchternen und geduldigen Aufarbeitung der im späten 19. Jahrhundert aufgekommenen Zweifel an der Sprache. Und sie war von der Zuversicht getragen, durch ihre Bedeutungsanalysen auch die überkommenen inhaltlichen Probleme der Philosophie einer Lösung zuführen zu können.

Im Bereich der Ethik ging es entsprechend darum, die Spra-che der Moral auf ihre logischen und semantischen Struk-turen hin zu untersuchen: Was meinen wir eigentlich, wenn wir, um mit Lord Chandos zu sprechen, sagen, Sheriff N. ist ein böser, Prediger T. ein guter Mensch? Was meinen wir mit der Behauptung guter oder schlechter Eigenschaften und Absichten, richtiger oder falscher Handlungen? Gibt es einen Weg, mittels vernünftiger Begründungen über das »Unbeweisbare«, »Lügenhafte«, »Löchrige« solcher alltäglichen moralischen Urteile hinauszukommen? Was bedeutet »Begründung« in der Ethik? Was soll, was kann überhaupt begründet werden?

So entstanden vor allem im angelsächsischen Raum vermehrt Untersuchungen über die logischen Verhältnisse der beschreibenden, wertenden, verbietenden, gebietenden oder erlaubenden Anteile der Sprache, die in Wörtern wie gut, böse, schlecht, sollen, wünschen, wollen, billigen, empfehlen, Schuld, Reue, Verdienst oder Pflicht zum Ausdruck kommen. Diese Version von Ethik sagte unmittelbar nichts darüber aus, was zu tun oder zu lassen ist, sondern analysierte vom Standpunkt eines neutralen Beobachters aus die sprachlichen Formen, mittels deren wir im Alltag moralisch urteilen. Und sie fragte nicht – wie die normative Ethik – nach der Begründung moralischer Urteile, sondern, logisch vorgeordnet, nach den verschiedenen Methoden und Zielen des ethischen Begründens. Da sie in erster Linie die *Sprache* der Moral und der Ethik zum Gegenstand hatte, nicht aber die Geltung moralischer Urteile, die sich auf Handlungen und Einstellungen beziehen, erhielt sie den Namen »Metaethik« – entsprechend der Unterscheidung von »Sprache« und »Metasprache« (wobei der Gegenstand der *Sprache* ein beliebiges »Ding« ist, während der Gegenstand der *Metasprache* die Sprache ist, mit der über dieses »Ding« gesprochen wird).

In diesem Sinne »metaethisch« zergliedernd und ordnend war allerdings immer schon auch die herkömmliche normative Ethik verfahren. So hatte bereits Sokrates nach der Bedeutung moralischer Ausdrücke gefragt, so hatte Kants kategorischer Imperativ nicht ein konkretes Handeln als richtiges festgelegt, sondern nur ein Prüfungskriterium für moralische Entscheidungen dargestellt. Aber erst im Rahmen der modernen sprachanalytischen Philosophie wurde die Metaethik zu einem eigenständigen Diskussionsfeld. Während die meisten modernen Metaethiker die Auffassung vertraten, die wertneutrale, nur beschreibende Untersuchung der Sprache der Moral sei die einzig legitime Form von Ethik, konzipierten einige ihre Theorie als Wissenschaftstheorie einer darauf aufbauenden normativen Ethik. Die zentrale Kontroverse der Metaethik des 20. Jahrhunderts entwickelte sich allerdings um die Frage, ob moralische Urteile Behauptungen oder Anweisungen seien. Die Auffassung, dass es sich bei diesen Sätzen um wahre oder unwahre Behauptungen über erkennbare Sachverhalte handle, wurde »Kognitivismus« genannt. Die gegenteilige Auffassung, moralische Sätze seien Anweisungen, die weder wahr noch unwahr sein könnten, erhielt die Bezeichnung »Nonkognitivismus«. Auch diese Auseinandersetzung war historisch nicht ohne Vorläufer, schon im 18. Jahrhundert hatte es jene langanhaltende Debatte um den *moral sense* gegeben, wobei beispielsweise Hume eine nonkognitivistische, emotivistische und Reid eine kognitivistische, intuitionistische Position vertreten hatte. In diesem Kapitel soll es um die Fortführung dieser Diskussion im 20. Jahrhundert gehen.

Zur selben Zeit wie Hofmannsthals *Chandos-Brief* erschien in England die Schrift *Principia Ethica* von *George E. Moore* (1873–1958), die erste metaethische Theorie des 20. Jahrhunderts. Das Vorwort zu dieser Schrift beginnt mit der charakteristischen Mahnung, bevor die Ethik, wie die Philosophie überhaupt, versuchen könne, irgendwelche inhaltlich-normativen Fragen zu beantworten, müsse sie erst einmal die Frage beantworten, »*was für eine* Frage es ist, die man beantworten möchte«[3]. Die Frage, was »gut« bedeutet, ist nach Moore die »fundamentalste Frage der ganzen Ethik«[4]. Moore ging von ebenjenen von Lord Chandos in Zweifel gezogenen alltäglichen moralischen Urteilen aus, um nach der Bedeutung dieser Prädikation zu fragen. Seine Antwort auf die Ausgangsfrage war nun sehr eigenartig: »Wenn man mich fragt ›Wie ist gut zu definieren?‹, so ist meine Antwort, daß es nicht definiert werden kann, und mehr ist darüber nicht zu sagen.«[5] Dabei verstand er unter »Definition« die Angabe der Teile, aus denen etwas besteht, und behauptete, dass das Adjektiv »gut« einer jener »letzten Begriffe« der Sprache sei, die sich nicht weiter aufgliedern lassen. Mit »gut«, so behauptete er, verhalte es sich ähnlich wie mit dem Ausdruck »gelb«: man könne ihn jemandem, der Entsprechendes noch nie gesehen habe, auch nicht weiter erklären, sondern nur darauf hinweisen.

Mit seiner These von der Undefinierbarkeit von »gut« wies Moore den moralischen Begriffen und Urteilen einen besonderen Gegenstandsbereich zu, der sich von anderen, »natürlichen« Eigenschaften radikal unterscheiden sollte. Damit grenzte sich Moore in erster Linie gegen hedonistische und utilitaristische Ethiktheorien ab, die das Gute mit dem Angenehmen oder Nützlichen gleichsetzten. Er bestritt freilich nicht, dass das Gute oft angenehm oder nützlich ist. Wenn man aber, so behauptete er, in einigen Fällen auch bezweifeln kann, dass dies so ist, dann kann die Bedeutung von »gut« nicht mit der von »angenehm« oder von »nützlich« identisch sein. Wurden moralische Ausdrücke durch nichtmoralische, insbesondere natürliche wie »angenehm« oder »nützlich« definiert, sprach er von einem »naturalistischen Fehlschluss« (in seiner semantischen Form). Diese Bezeichnung wurde dann auch (im logischen Sinn) für den unzulässigen Schluss von Seinsaussagen auf Sollensaussagen verwendet, wie ihn bereits David Hume kritisiert hatte.

Die Lehre vom naturalistischen Fehlschluss wird seither zur Überprüfung moralischer Begründungen eingesetzt und dient als Instrument der Aufdeckung stillschweigender Annahmen über moralische Verpflichtungen, die sich oft hinter Beschreibungen von Sachverhalten verbergen. Denn Begründungen moralischer Urteile allein durch Hinweis auf Tatsachen sind logisch unvollständig, gültige Schlussfolgerungen können ihrem Gehalt nach nicht über das hinausgehen, was schon in den Prämissen enthalten war. Also: Moralische

Schlussfolgerungen haben immer schon – wenn nicht ausdrücklich, dann implizit – moralische, nicht nur Tatsachen beschreibende Prämissen. – Dieses Argument entspricht dem Ideal der distanziert beobachtenden wissenschaftlichen Tätigkeit. Die logische Trennung von Beschreibungen und Bewertungen ist ein brauchbares Instrument der (Selbst-)Aufklärung. Man muss aber auch bedenken, dass es gleichwohl untergründige Verflechtungen zwischen beiden Bereichen gibt. So behauptete Nietzsche, dass die wissenschaftliche Wahrheit stets eine Bewertung einschließt: »Gesetzt, wir wollen Wahrheit: warum nicht lieber Unwahrheit?«[6]

Moores metaethische Grundposition, der zufolge moralische Urteile wie empirische oder logisch-mathematische Aussagen wahrheitsfähige Erkenntnisse darstellen, war die des *Kognitivismus*. Dem Kognitivismus zufolge ist ein moralischer Satz genau dann wahr, wenn der allgemeine Ausdruck »gut« auf das jeweilige Ding, dem diese Eigenschaft zugeschrieben wird, zutrifft. Jedoch musste Moore aufgrund seiner eigenen scharfen Kritik am naturalistischen Fehlschluss nun auf eine Erkenntnisweise rekurrieren, die weder mittels äußerer oder innerer Sinneswahrnehmungen noch logischer Schlüsse erfolgen sollte. Wenn moralische Schlüsse nicht nur auf Tatsachenbehauptungen, sondern immer auch auf moralischen Prämissen beruhen, so bedeutete das, dass sie auch nicht restlos begründbaren Entscheidungen und ursprünglichen Einsichten entspringen. Moore nahm an, dass die Erkenntnis des an sich Guten allein durch Intuition erfolgen könne. Deshalb wurde er der »intuitionistischen« Spielart des metaethischen Kognitivismus zugerechnet.

Der metaethische Kognitivismus wird von der alltäglichen Überzeugung von der Erkennbarkeit des Guten gestützt: In vielen Fällen, insbesondere wenn es um elementare Lebensbedürfnisse geht, »wissen« wir, was richtiges und was falsches Handeln ist. Auch ist es uns vertraut, für moralische Entscheidungen gegebenenfalls vernünftige Gründe anzuführen. Imperativische moralische Sätze (»Lüg mich nicht an!«)

sind dem Kognitivismus zufolge eigentlich Tatsachenbehauptungen (»Es ist falsch, dass du mich anlügst«). Aber dieses Wissen ist als ein solches den Maßstäben der rationalen Argumentation entzogen. Der Intuitionist kann sein unvermitteltes Evidenzerleben nur behaupten und andere auffordern, dies nachzuvollziehen. Damit freilich beansprucht er für die Erkenntnis moralischer Tatsachen einen Sonderstatus, der jede rationale, auf objektive Geltung bedachte Ethik ins Abseits bringt. Wahrheit und Für-wahr-Halten werden ununterscheidbar.

Der dem Kognitivismus entgegengesetzte Nonkognitivismus beruhte auf der Ansicht, dass die Bedeutung moralische Sätze nicht in einer Behauptung, sondern im Ausdruck eines Gefühls der Billigung oder Missbilligung bestehe. Die dieser Auffassung entsprechende wichtigste Spielart des Nonkognitivismus wurde deshalb »Emotivismus« genannt. Die Nonkognitivisten verstanden moralische Begriffe als unanalysierbare Pseudobegriffe. So argumentierte beispielsweise *Alfred J. Ayer* (1910–1989), dass der Tatsachenbeschreibung einer Handlung nichts an Beschreibung hinzugefügt werde, wenn man sie moralisch bewerte. Moralische Bewertungen seien weder logisch noch kausal mit den beschriebenen Tatsachen verbunden. Sie seien allerdings auch nicht nur der gefühlsmäßige Ausdruck einer jeweiligen subjektiven Befindlichkeit, sondern eines komplexeren Verhaltensmusters, das entsprechende Einstellungen auch bei anderen hervorrufe. *Charles L. Stevenson* (1908–1979) vertrat ebenfalls dezidiert die Meinung, dass in moralischen Urteilen stets die Aufforderung an alle anderen Menschen enthalten sei, auf die gleiche Weise zu empfinden und gegebenenfalls zu handeln, wie man selbst es tut.

Historisch entwickelte sich der Emotivismus von der Position, moralische Sätze seien bloße Beschreibungen von Gefühlen des Sprechers (so schon Hume), hin zu der Position, sie drückten diese Gefühle selbst als Überzeugungen aus, und weiterhin, sie zielten darauf ab, entsprechende Gefühle beim

Gegenüber hervorzurufen. Doch hatte der Emotivismus Schwierigkeiten damit, zu erklären, was es bedeutet, dass wir nicht nur moralisch fühlen, sondern auch argumentieren, mithin Gründe austauschen, gewichten, bejahen oder verwerfen können. Und insbesondere vernachlässigte er den Anspruch moralischer Aussagen, für alle zu gelten, die jeweils unter vergleichbaren Bedingungen handeln. Denn Moral ist zwar ein subjektives Gefühl, aber auch und vor allem ein Anspruch der Allgemeinheit an das Subjekt. Die Missachtung dieses Anspruchs zieht in der Regel gewisse Sanktionen nach sich. Gefühlsexpressionen und Beeinflussungen anderer können für sich genommen keine Verbindlichkeit einfordern, während die Moral genau dies tut. Der Emotivismus legte den Schwerpunkt seiner Analysen einseitig auf das, was wir bewirken, indem wir etwas sagen, und vernachlässigte das, was wir tun, indem wir es sagen, nämlich zum Beispiel auffordern, empfehlen, billigen, missbilligen, verurteilen. So kann man resümieren, dass der Emotivismus zwar eine wichtige Funktion der Moral herausgestellt hat, in der Verabsolutierung der Gefühlsseite der Moral jedoch ebenso zu unhaltbaren Konsequenzen führte wie der Kognitivismus.

Ein Versuch, diesen Gegensatz zu überwinden, bestand im so genannten »Präskriptivismus« (präskribieren = vorschreiben), dem wohl einflussreichsten metaethischen Ansatz. Dessen Hauptvertreter *Richard M. Hare* (1919–2002) ging, wie schon Moore, davon aus, dass die Bedeutung von Ausdrücken wie »gut« oder »sollen« unabhängig von den natürlichen Eigenschaften von Dingen oder Handlungen verstanden wird. Hare übernahm nun aber vom Nonkognitivismus die Ansicht, dass moralische Urteile keine wahrheitsfähigen Behauptungen über irgendwelche Tatsachen seien, und bestand doch, wie die Kognitivisten, darauf, dass sie rational überprüfbar seien. In seiner Schrift *Die Sprache der Moral* stellte er die Tiefenstruktur moralischer Sätze als die von Empfehlungen und Imperativen dar. Durch die Konstruktion einer imperativistischen Logik wollte er auch präskriptive Sätze rational überprüfbar machen. Er zeigte, dass moralische Urteile universelle Handlungsgebote enthalten, die sich nicht von Situation zu Situation ändern, sondern generell gelten. Dies ist deshalb wichtig, weil der Emotivismus Ayers oder Stevensons es letztlich nicht mehr erlaubte, Machtansprüche beziehungsweise Manipulationsversuche von moralischen Urteilen zu unterscheiden – diese sind nicht zuletzt dadurch gekennzeichnet, dass der Sprecher für sich selbst keine Ausnahmen machen darf.

Werturteile und moralische Sollenssätze beziehen sich Hare zufolge immer auf einen Maßstab, der auch auf andere, ähnliche Fälle anwendbar ist. Dieses Prinzip der Universalisierbarkeit ergibt sich aus der logischen Form moralischer Urteile. Wer moralisch urteilt, meinte Hare, legt sich auf ein Prinzip und damit auf eine universelle, ausnahmslose Geltung eines Imperativs in einem Typus von Situationen fest. Was aber sind die grundlegenden Prinzipien? Hares Antwort darauf war, dass sie letztlich abkürzende Beschreibungen einer bestimmten Lebensweise seien, für die sich der Sprecher von moralischen Sollenssätzen entschieden habe und die er anderen empfehle. Diese Entscheidung freilich bleibt im Rahmen der Metaethik, die es nicht mit Wahrheits- und Geltungsansprüchen zu tun hat, letztlich unbegründbar.

Die auf Hare folgenden metaethischen Auseinandersetzungen gehören einem fortgeschrittenen Stand der Diskussion an, der in dieser Darstellung keinen Platz mehr hat. Hier soll nur noch ein weiterer argumentativer Schritt angedeutet werden, der zur Überwindung des Gegensatzes von Kognitivismus und Emotivismus beiträgt. Die entsprechende Position ist neuerdings von Rafael Ferber unter dem Titel »Institutionalismus« dargestellt worden.[7] Sie geht auf den amerikanischen Sprachphilosophen *John Searle* (geb. 1932) zurück, der mit seiner Theorie der Sprechakte eine neue Sichtweise auch auf die Bedeutung moralischer Begriffe und Urteile eröffnete. Das Modell der Sprechakte besagt, dass Sprechen eine Handlung mit einer Funktion im sozialen

Kontext ist. Searle untersuchte nun einen besonderen Typus von mit Sprache verbundenen Handlungen, bei dem die Handlung als Verwirklichung einer sozialen Regel und damit als Herstellung eines institutionalisierten Zustandes verstanden werden muss. Wenn ich beispielsweise eine Ware kaufe, beziehe ich mich damit auf die Regelungen des Vertragsrechts und besiegle einen entsprechenden Vertrag. Oder wenn ich verspreche, einen geliehenen Geldbetrag zurückzugeben, beziehe ich mich damit, ohne es ausdrücklich zu sagen, auf eine soziale Regel namens »Versprechen«, die beinhaltet, eine Handlung in angemessener Frist auch auszuführen.

Searle nannte solche Vorgänge »institutionelle Tatsachen«[8] im Unterschied zu jenen natürlichen (physischen oder psychischen) Tatsachen, die sich beispielsweise mit naturwissenschaftlichen Mitteln objektiv und wertfrei beschreiben lassen. Institutionelle Tatsachen sind dadurch gekennzeichnet, dass sie erst aufgrund bestimmter Regeln entstehen. Wie die Regeln eines Spiels, etwa des Fußballspiels, nicht nur den Ablauf begleiten, sondern das Spiel selbst erst konstituieren, das heißt ermöglichen und prägen, so beruhen auch institutionelle Tatsachen auf derartigen »konstitutiven Regeln«[9], durch die den Abläufen soziale Bedeutungen zugeschrieben werden. Die Vorgänge des Kaufens oder Versprechens lassen sich *auch* als natürliche Tatsachen beschreiben, aber ihr eigentlicher Inhalt, ohne den sie nicht zustande kämen, besteht darin, dass den physischen oder psychischen Vorgängen bestimmte Bedeutungen zugeschrieben werden: Sie werden interpretiert als Befolgung (oder Nichtbefolgung) einer bestimmten Regel, die innerhalb einer bestimmten Sprachgemeinschaft gilt. Moralisches Handeln lässt sich vor diesem Hintergrund als besonderer Fall von institutionellen Tatsachen verstehen.

Hinsichtlich der Verortung der Moral heißt das: Diese ist weder, wie die intuitionistischen Kognitivisten annahmen, objektiv und gänzlich unabhängig vom Urteilenden gültig, noch ist sie, wie die emotivistischen Nonkognitivisten behaupteten, nur Ausdruck subjektiver Einstellungen und Absichten. Vielmehr ist Moral etwas Intersubjektives, eine soziale Institution. Aus der Sicht des Einzelnen gilt sie unabhängig davon, ob und inwieweit er sie akzeptiert und befolgt, aber sie gilt doch auch nur innerhalb einer sozialen Gemeinschaft, wobei diese aus einzelnen Kulturen, im Fall grundlegender Normen allerdings auch aus der gesamten Menschheit bestehen kann. Die moralische Norm des Tötungsverbotes etwa galt und gilt – mit den bekannten Ausnahmen wie Notwehr und Krieg – für alle Menschen, die Norm der Blutrache jedoch nur für die Angehörigen einiger früherer Kulturen. »Moral als soziale Institution«, so Ferber, »entspricht mit ihren Forderungen nicht immer dem, was ich will.« Moral ist »primär das, was eine bzw. die Gemeinschaft der Menschen von mir will. Da hinter der Moral als sozialer Institution nicht mein Wollen, sondern das Wollen anderer steht, so kann sie auch Leistungen von mir fordern, die nicht in meinem Interesse, sondern im Interesse anderer sind.«[10]

Mit seinem Begriff der institutionellen Tatsache relativierte Searle auch jene Grundüberzeugung der angelsächsischen Moralphilosophie seit Hume, dass bei der Beschreibung menschlicher Handlungen niemals von einem Sein auf ein Sollen geschlossen werden dürfe. Searle schrieb dem Argument, aus deskriptiven Aussagen lasse sich niemals eine Wertaussage ableiten, eine gewisse Ironie beziehungsweise Selbstwidersprüchlichkeit zu, insofern die logisch-semantischen Begriffe des Ableitens und der Gültigkeit selbst schon Wertaussagen enthalten: »Zum Beispiel folgt aus der Aussage, daß aus p q folgt, unter anderem, daß jeder, der p behauptet, *verpflichtet* ist, q als wahr anzunehmen; und daß, wenn bekannt ist, daß p wahr ist, man *zu Recht* schließen kann, daß q. Die Vorstellung der Verpflichtung oder der Rechtfertigung ist in derartigen Fällen nicht mehr und nicht weniger ›bewertend‹ als in jenen, in denen wir von der Verpflichtung, etwas zu tun, sprechen, oder davon, daß eine Kriegserklärung gerechtfertigt ist.«[11]

Die *besondere* Seinsform institutioneller Tatsachen besteht darin, dass in ihnen schon ein verallgemeinertes Sollen enthalten ist, aus dem ein spezifisches Sollen folgt. Wenn beispielsweise jemand etwas versprochen hat, dann folgt aus dieser institutionellen Tatsache, dass er es halten soll. Denn etwas zu versprechen bedeutet, einer sozialen Regel zu folgen, die die Einlösung des Versprechens erfordert. Aus der Beschreibung der institutionellen Tatsache »Du hast versprochen, das geliehene Geld bald zurückzugeben« kann man demnach die moralische Empfehlung »Du solltest das geliehene Geld bald zurückgeben« folgern. Ein solcher Schluss gilt allerdings zunächst nur für denjenigen, von dem ein moralisch relevantes Handeln beschrieben wird, nicht für den Beschreibenden selbst. Dieser muss das Gesollte seinerseits nicht billigen. Wenn ich zutreffend feststelle, dass innerhalb einer bestimmten Kultur und unter bestimmten Bedingungen Blutrache moralisch gefordert ist, folgt daraus nicht, dass *ich* diese Anforderung moralisch billigen muss. Für mich als Beschreibenden gilt die moralische Anforderung nur, insofern ich derselben Gemeinschaft angehöre wie der Beschriebene. Als Mitglied einer Gemeinschaft, die den Mord verurteilt, kann ich nicht, ohne mir selbst zu widersprechen, einen »Mord« beschreiben und ihn zugleich moralisch billigen.

Ferber zeigt, wie sich der wahre Kern des Emotivismus in das Konzept des Institutionalismus integrieren lässt. Moralische Gefühle sind demnach als Resultate der Internalisierung der konstitutiven Regeln des Moralischen zu verstehen. Deshalb sind sie nicht nur der Antrieb subjektiven Wollens, sondern auch Ausdruck der Anpassung an soziale Anforderungen. Ebenso erscheint nun der Grundgedanke des Kognitivismus in einem neuen Licht. Moralische Urteile gelten dann als wahr, wenn sie mit den in einer Gemeinschaft fixierten institutionellen Tatsachen übereinstimmen. Die selbst gezogenen Grenzen des metaethischen Institutionalismus bestehen, wie die der Metaethik insgesamt, darin, dass er zwar die Strukturen moralischer Geltungsansprüche in Bezug auf Sprache,

Handlungen und soziale Institutionen erklären, die moralischen Geltungsansprüche selbst aber nicht begründen kann. Sollen diejenigen gesellschaftlichen Setzungen, die moralische Urteile konstituieren, selbst zum Gegenstand der moralischen Kritik werden, dann muss die Ethik die Perspektive der metaethischen Strukturanalyse verlassen und sich wieder als normative Ethik den Geltungs- und Wahrheitsansprüchen der Moral stellen.

Globalisierung und Ethik

Seit Satelliten und Raumschiffe die Erde umkreisen, kennen wir das Bild der Erde, wie sie vom Weltraum aus erscheint: das Bild des »blauen Planeten«. Die Menschen, die als Erste leibhaftig diesen Blick vom Weltraum aus auf die Erde hatten, verfielen vor Ehrfurcht in poetische Beschreibungen. So auch der deutsche Astronaut Ulf Merbold:

»Beim ersten Blick zum Horizont der Erde stockte mir der Atem. […] es war […] die königsblaue Farbe der Atmosphäre, die mich verzauberte. Doch wie dünn war die lebenserhaltende Schicht! […] Die Erde lag ausgebreitet unter uns. Ihre Schönheit war hinreißend – keine Sprache kann es beschreiben – doch wie verletzlich sah sie aus! […] Genau besehen ist [die Erde] ein Raumschiff, mit dem fünf Milliarden Passagiere durch das lebensfeindliche Weltall fliegen. Sie ist ein Raumschiff mit einem wundervollen Lebenserhaltungssystem. Eine Eigenschaft des Raumschiffs Erde ist, daß keiner der Passagiere aussteigen kann. Wir sind gezwungen, die Reise durch das finstere All gemeinsam fortzusetzen, ob uns alle Mitreisenden sympathisch sind oder nicht.«[1]

Der Anblick der Erde vom Weltraum aus bringt auch die nüchternsten Wissenschaftler und Piloten zum Schwärmen, wobei charakteristischerweise vom Schönen zum Guten, von der Ästhetik zur Ethik übergegangen wird: Das Schöne ist höchst fragil und zugleich bedroht, aber es soll gerettet werden. Die globale Problemlage, gepaart mit der Unmöglichkeit, ihr auszuweichen, evoziert eine globale Ethik und die Utopie der über alles Trennende hinausreichenden menschlichen Gemeinschaft.

Das Bild des blauen Planeten ist zum Symbol für die Globalisierung unserer Lebensbedingungen geworden, vor allem unserer Gefährdungen durch die ins Unermessliche gewachsenen destruktiven Möglichkeiten der Menschen. Globale Bedrohungen gehen von der Zerstörung der natürlichen Umwelt und von der Verbreitung der Massenvernichtungswaffen ebenso aus wie vom wirtschaftlichen Strukturwandel, der neben neuer Prosperität auch Verarmung, Arbeitslosigkeit und Auflösung der sozialen Gefüge zur Folge hat. Derartige globale Risiken bilden die Kehrseite der Zunahme und Verdichtung globaler Vernetzungen und Kooperationen. Wenn »Gesellschaft« ihre Grenzen dort hat, wo kommunikative Erreichbarkeit endet, dann gibt es heute nur noch die *eine* Weltgesellschaft. Damit verändern sich die überkommenen Lebensverhältnisse und Handlungsmuster gravierend. Die globale ökonomische und technische Rationalisierung erfordert die Neubestimmung sozialethischer Maßstäbe.

Was unter »Globalisierung« zu verstehen ist, geht also über die zumeist damit gemeinte weltweite Öffnung der Märkte weit hinaus. Es geht nicht nur um die Globalisierung der Gefährdungen und Kooperationen, sondern auch um die des Ethos und der Ethik. Die anthropologische Grundlage der ethischen Globalisierung ist das Bewusstsein einer allen Menschen gemeinsamen Bedürftigkeit und Verletzbarkeit, von Angst, Schmerz und Tod. In den teils natürlich, teils gesellschaftlich verursachten Katastrophen, angesichts von Fluchtbewegungen, Hunger, Armut und Unterdrückung erfahren sich die Menschen als weltweit füreinander verantwortlich und miteinander solidarisch. Universalistisch ist eine entsprechende Ethik dadurch, dass sie die Ansprüche, die aus dieser Verletzbarkeit erwachsen, prinzipiell allen Menschen gleichermaßen zurechnet. Die Wirklichkeit der *einen* Weltgesellschaft stellt die alte Idee der *einen* Ethik auf die Probe.

Die gegenwärtige Globalisierung der Probleme und Herausforderungen ist als eine radikalisierte und immer mehr beschleunigte Konsequenz der Moderne zu begreifen. In dieser setzte sich, im Widerstreit mit metaphysisch-religiösen Weltbildern, auf allen Handlungsfeldern der Typus der formellen bzw. instrumentellen Rationalität durch.[2] Vernunft wurde nicht mehr wie in der Vormoderne als objektives Strukturprinzip des Kosmos, sondern als zweckmäßige und effiziente Organisation von Mitteln zu beliebigen Zwecken angesehen. Insofern reicht die Vorgeschichte der gegenwärtigen Globalisierung weit in die Geschichte zurück. Vor allem das wissenschaftliche Denken, aber auch technische Errungenschaften wie die des Schriftdrucks, des Kompasses, des Fernrohrs, des Schießpulvers sowie militärische Expansionen und der Kolonialismus, das Fabriksystem, der politische Imperialismus gehören zu ihren entscheidenden Bedingungen und Vorformen.

Die neuzeitliche Ethik hat diese Geschichte der Weltbemächtigung und -objektivierung kritisch begleitet, indem sie der technisch-instrumentellen Vernunft eine praktisch-intersubjektive Vernunft zur Seite stellte. Sie hatte Anteil an einer jahrtausendealten Entwicklung der kulturellen Rationalisierung, nämlich an der Umstellung von mythischen Welterklärungen und -rechtfertigungen auf die Orientierung an kausalen Zusammenhängen und Vernunftgründen. In allen alten Hochkulturen gab es eine Epoche, in der das religiöse, ethische und philosophische Denken sich gegen die archaischen Moralen der Rollen und der Stände wandte, die die Menschen dann zerrissen, wenn unterschiedliche gesellschaftliche Institutionen mit unterschiedlichen Anforderungen aufeinander stießen (wovon unter anderem die griechischen Tragödien des 4. Jahrhunderts v. Chr. zeugen). Die Religionen, insbesondere die monotheistischen, stellten die innerweltlichen Autoritäten radikal infrage. Die philosophischen Ethiken setzten an die Stelle der sich widerstreitenden Rollen- und Standesmoralen ethische Prinzipien, die ausnahmslos und unbegrenzt gelten sollten. Zugleich aber reflektierten sie auch die kulturelle Ausdifferenzierung moralischer Verpflichtungen bis in die Verästelungen der Individual-, Sozial-, Institutionen- und Berufsethiken hinein. Vor diesem Hintergrund lässt sich die

Geschichte der Ethik insgesamt als eine doppelte Suchbewegung verstehen: Einerseits ging es um die Rechtfertigung der Freiheit eines jeden einzelnen Individuums und sein Recht auf einen spezifischen Lebensentwurf (Partikularismus), andererseits um universelle Kriterien des Menschseins, die nicht aus spezifischen moralischen Regelungen resultieren, sondern von diesen immer schon in Anspruch genommen werden (Universalismus).

Platon hat als Erster in der Geschichte der Ethik das Bewusstsein vom Ganzen der Menschheit auf eine Weise ausgedrückt, die den Blick des modernen Astronauten vorweggenommen hat. In seinem Dialog *Phaidon* lässt er Sokrates davon erzählen, wie die Erde vom Himmel aus betrachtet erscheine. Sokrates behauptet, oberhalb der von den Menschen bewohnten Regionen der Erde erstrecke sich die eigentliche Erde, die »als runder Körper in der Mitte der Welt« ruhe, und diese sehe, »von oben her betrachtet, aus wie die zwölfteiligen ledernen Bälle, im Schmucke bunter Farben«[3]. Die Erde in ihrer Kugelgestalt erscheint hier dem fiktiven Betrachter als »beseligendes Schauspiel«[4], denn ihre ätherische Region ist der Ort der Seelen der Verstorbenen. – Die Geschichte der Ethik besteht auch in der fortschreitenden Erkenntnis, dass der Globus nicht der Ort der Seligen ist, sondern der unausweichliche gemeinsame Lebensort der sterblichen Menschen.

Anmerkungen

Moral und Ethik

1 M. Cohen, 99 philosophische Rätsel. Frankfurt a. M., New York 2001, S. 16; Zitat leicht verändert.

Von Sophokles zu Aristoteles

1 Sophokles, Antigone, übers. und hg. von N. Zink, Stuttgart 1981, S. 74.
2 Ebd., S. 37–39.
3 Protagoras, in: Die Sophisten. Ausgewählte Texte, übers. und hg. von Th. Schirren und Th. Zinsmaier, Stuttgart 2003, S. 37; der Satz ist so von Diogenes Laertius überliefert.
4 F. Nietzsche, Die Geburt der Tragödie oder Griechentum und Pessimismus, in: Werke, Bd. I, hg. von K. Schlechta, 6. Aufl., München 1969, S. 96.
5 Vgl. G. Böhme, Einführung in die Philosophie, 2. Auflage Frankfurt a. M. 1997.

Sokrates

1 Platon, Euthyphron, 10a; in: Sämtliche Werke, übers. von F. Schleiermacher, Bd. 1, Reinbek 1966, S. 188.
2 Vgl. I. Kant, Kritik der praktischen Vernunft (1788), A 191 ff., in: Werkausgabe, Bd. VII, hg. von W. Weischedel, 13. Aufl., Frankfurt a. M. 1996, S. 191 ff.; oder auch: Grundlegung zur Metaphysik der Sitten (1785), BA 9, 10, ebd., S. 22.
3 So in Platons Dialog Kriton, in: Sämtliche Werke, Bd. 1, a. a. O.
4 Vgl. Platon, Phaidon, Kap. 6, 62 B; Stuttgart 1963, S. 19.
5 G. W. F. Hegel, Vorlesungen über die Geschichte der Philosophie (1805–1830), Bd. I, in: Werke, Bd. 18, Frankfurt a. M. 1971, S. 445.
6 Ebd., S. 476.

Platon

1 Platon, Der Staat, 517c; übers. und hg. von K. Vretska, Stuttgart 1994, S. 331.
2 Ebd. 517a; S. 330.
3 Ebd., 516c; S. 329.
4 Die Problemlage ähnelt der des in der Einleitung wiedergegebenen Paradoxons des Sophisten Protagoras. Dass in der Komödie der in eine Sackgasse getriebene Vater am Ende zur Axt greift, ist kommunikationstheoretisch durchaus erklärbar; vgl. P. Watzlawick u. a., Menschliche Kommunikation. Formen, Störungen, Paradoxien, 10. Aufl., Bern u. a. 2000, S. 178 ff.
5 F. Nietzsche, Menschliches, Allzumenschliches II, 17, in: Werke, hg. von K. Schlechta, Bd. 1, 6. Aufl., München 1969, S. 749.
6 I. Kant, Grundlegung zur Metaphysik der Sitten, a. a. O., S. 58.
7 Platon, Der Staat, 473d, a. a. O., S. 277.
8 L. Marcuse hat diese Verwicklungen in Form einer spannend zu lesenden, romanhaften Platon-Biografie rekonstruiert und als Zusammenprall zweier Diktatoren interpretiert, von denen der eine die Macht und der andere den Geist verkörpert: Der Philosoph und der Diktator. Plato und Dionys, Zürich 1984.

Aristoteles

1 Vgl. F. Schulz von Thun, Miteinander reden, Bd. 2: Stile, Werte und Persönlichkeitsentwicklung. Differentielle Psychologie der Kommunikation, 2. Aufl., Reinbek 2003, S. 151.
2 Ebd., S. 152.
3 Aristoteles, Nikomachische Ethik, übers. von F. Dirlmeier, Stuttgart 1994, S. 21.
4 Ebd., S. 44.
5 N. Hartmann, Einführung in die Philosophie, 2. Aufl., Osnabrück 1952, S. 148 f.
6 P. Helwig, Charakterologie, 4. Aufl., Stuttgart 1965, S. 65 ff.
7 Ebd., S. 66.
8 Vgl. A. MacIntyre, Geschichte der Ethik im Überblick, Frankfurt a. M. 1991, S. 68 f.
9 Aristoteles, Nikomachische Ethik, a. a. O., S. 16.

Augustinus

1 A. Augustinus, Bekenntnisse, übers. von K. Flasch und B. Mojsisch, 2. Buch, IV, Stuttgart 1989, S. 62.

2 Ebd. S. 62 f.

3 Ebd., 2. Buch, V, S. 64.

4 Ebd., 1. Buch, VII, S. 40.

5 Ebd., 2. Buch, VI, S. 67.

6 Ebd.

7 Ebd., 3. Buch, IX, S. 86 f.

8 Vgl. M. Hauskeller, Geschichte der Ethik: Mittelalter, München 1999, S. 47 f.

9 M. Luther, Von weltlicher Obrigkeit, wie weit man ihr Gehorsam schuldig sei (1523), in: Luther Deutsch. Die Werke Martin Luthers in neuer Auswahl für die Gegenwart, hg. von K. Aland, Bd. 3, Berlin 1949, S. 30.

10 I. Kant, Grundlegung zur Metaphysik der Sitten, a. a. O, S. 18.

11 A. Augustinus, Vom Gottesstaat, übers. von W. Thimme, in: Werke, Bd. 3 und 4, Zürich 1955.

Die britische Aufklärung

1 F. Hutcheson, Über den Ursprung unserer Ideen von Schönheit und Tugend (1725), Hamburg 1986, S. 71.

2 D. Hume, Ein Traktat über die menschliche Natur (1739/40), Hamburg 1973, S. 153.

3 D. Hume, Eine Untersuchung über die Prinzipien der Moral (1751), Stuttgart 1984, S. 216 f.

4 Th. Reid, Moralische Wahrheit, in: D. Birnbacher, N. Hoerster (Hg.), Texte der Ethik, 9. Aufl., München 1993, S. 75.

5 J. Bentham, Eine Einführung in die Prinzipien der Moral und der Gesetzgebung (1789), Auszüge in: O. Höffe (Hg.), Einführung in die utilitaristische Ethik, München 1975, S. 35.

1 C. Lenkersdorf, Leben ohne Objekte. Sprache und Weltbild der Tojolabales, Frankfurt a. M. 2000.

2 Ebd., S. 75.

3 I. Goffman, Wir alle spielen Theater. Die Selbstdarstellung im Alltag (1959), München 1969.

4 I. Kant, Grundlegung zur Metaphysik der Sitten, a. a. O., S. 61.

5 Ebd., S. 52.

6 So A. MacIntyre, Geschichte der Ethik im Überblick, a. a. O., S. 183 f.

7 Lenkersdorf selbst versucht allerdings genau dies zu tun.

8 A. MacIntyre, Geschichte der Ethik im Überblick, a. a. O., S. 183.

9 G. Patzig, Der kategorische Imperativ in der Ethik-Diskussion der Gegenwart (1978), in: Tatsachen, Normen, Sätze, Stuttgart 1980, S. 167.

10 J.-P. Sartre, Ist der Existentialismus ein Humanismus? (1946), in: Drei Essays, Frankfurt a. M. u. a. 1975, S. 17 f.

11 Ebd., S. 18 f.

Schopenhauer

1 M. Horkheimer, Notizen 1949–1969, in: Gesammelte Schriften, Bd. 6, Frankfurt a. M. 1991, S. 289.

2 A. Schopenhauer, Gespräche, hg. von A. Hübscher, Stuttgart 1971, S. 131.

3 A. Schopenhauer, Die Welt als Wille und Vorstellung, Bd. II, in: Sämtliche Werke, Bd. II, hg. von W. v. Löhneysen, Frankfurt a. M. 1986, S. 744.

4 A. Schopenhauer, Über die Grundlage der Moral, in: Sämtliche Werke, Bd. III, a. a. O., S. 740, 744.

5 A. Schopenhauer, Die Welt als Wille und Vorstellung, Bd. I, in: Sämtliche Werke, Bd. I, a. a. O., S. 513, 512.

6 A. Schopenhauer, Über die Grundlage der Moral, a. a. O., S. 741.

7 Ebd.

8 Ebd., S. 722.

9 Ebd., S. 746.

10 D. Sternberger, Panorama oder Ansichten vom 19. Jahrhundert, Hamburg 1938, S. 82.

1 D. J. Goldhagen, Hitlers willige Vollstrecker. Ganz gewöhnliche Deutsche und der Holocaust, Berlin 1996, S. 15.

2 Ebd., S. 22.

3 Ebd., S. 331.

4 K. Marx, Zur Kritik der Hegelschen Rechtsphilosophie. Einleitung (1844), in: Marx, Engels, Werke, Bd. 1, Berlin 1988, S. 385.

5 K. Marx und F. Engels, Die deutsche Ideologie, in: Marx, Engels, Werke, Bd. 3, a. a. O., S. 27.

6 K. Marx, Das Kapital, Bd. I, in: Marx, Engels, Werke, Bd. 23, a. a. O., S. 189.

7 Ebd., S. 610.

8 F. Nietzsche, Jenseits von Gut und Böse, in: Werke, hg. von K. Schlechta, Bd. II, 6. Aufl., München 1969, S. 658 f.

9 Ebd., S. 689.

10 Ebd., S. 693.

11 Ebd., S. 696.

12 Ebd.

13 A. MacIntyre, Geschichte der Ethik im Überblick, a. a. O., S. 206.

14 Th. W. Adorno, Probleme der Moralphilosophie (1963), in: Nachgelassene Schriften, Bd. IV, 10, Frankfurt a. M. 1996, S. 257 ff.

15 S. Freud, Das Unbehagen in der Kultur (1930), in: Studienausgabe, Bd. IX, Frankfurt a. M. 1982, S. 218.

16 S. Freud, Das Ich und das Es (1923), in: Studienausgabe, Bd. III, Frankfurt a. M. 1982, S. 322.

17 Vgl. S. Freud, Das Unbehagen in der Kultur, a. a. O., Kap. VII.

18 J. Rattner, Tugend und Laster, Frankfurt a. M. 1991, S. 39.

19 S. Freud, Bemerkungen über die Übertragungsliebe (1915), in: Studienausgabe, Ergänzungsbd., Frankfurt a. M. 1982, S. 224.

Die angelsächsische Metaethik

1 H. v. Hofmannsthal, Ein Brief (1902), in: Der Brief des Lord Chandos. Schriften zur Literatur, Kultur und Geschichte, hg. von M. Mayer, Stuttgart 2000, S. 50–52.

2 Vgl. F. Nietzsche, Über Wahrheit und Lüge im außermoralischen Sinn (1873), in: Werke, hg. von K. Schlechta, Bd. III, 6. Aufl., München 1969.

3 G. E. Moore, Principia Ethica (1903), übers. von B. Wisser, Stuttgart 1996, S. 3.
4 Ebd., S. 34.
5 Ebd., S. 36.
6 F. Nietzsche, Jenseits von Gut und Böse, a. a. O., S. 567. Bei Nietzsche ist »warum nicht lieber« hervorgehoben.
7 Vgl. R. Ferber, Philosophische Grundbegriffe. Eine Einführung,
   4. Aufl., München 1998, S. 171 ff.
8 J. Searle, Sprechakte (1969), Frankfurt a. M. 1974, S. 80.
9 Ebd., S. 54.
10 R. Ferber, Philosophische Grundbegriffe, a. a. O., S. 177.
11 J. Searle, Sprechakte, a. a. O., S. 262.

Globalisierung und Ethik

1 U. Merbold, Vorwort, in: F. White, Der Overview-Effekt, Bern u. a.
   1989, S. 8, 10.
2 Vgl. M. Horkheimer, Zur Kritik der instrumentellen Vernunft, in:
   Gesammelte Schriften, Bd. 6, Frankfurt a. M. 1991.
3 Platon, Phaidon, Kap. 59, 110 B–D; übers. von F. Schleiermacher,
   Stuttgart 1963, S. 119, 122.
4 Ebd., S. 123.

Kommentierte Bibliografie

Derbolav, J., Abriß europäischer Ethik. Die Frage nach dem Guten und ihr Gestaltwandel, Würzburg 1983. – Diese gedrängte Darstellung, ergänzt durch reichhaltige Anmerkungen und Verweise, hat mit Aristoteles und Kant zwei deutliche Schwerpunkte, wobei das Interesse einer Vermittlung der beiden ethischen Paradigmen in einem systematischen Schlusskapitel verdeutlicht wird.

Hauskeller, M., Geschichte der Ethik, Bd. 1: Antike, München 1997, Bd. 2: Mittelalter, München 1999 (die ursprünglich geplanten Bände über Neuzeit und Gegenwart sind bisher nicht erschienen). – Der Autor beschränkt sich auf die hervorragenden Vertreter des jeweiligen Zeitalters, deren Ansichten ausführlich referiert werden. Dabei verzichtet er weitgehend auf historische Einordnungen und systematische Auseinandersetzungen und Bewertungen.

Höffe, O., Lesebuch zur Ethik. Philosophische Texte von der Antike bis zur Gegenwart, München 1998. – Es handelt sich dabei um eine »Geschichte der Ethik« in Form kurzer Textauszüge von den altägyptischen Weisheitslehren und der chinesischen Ethik bis zu den Ethikdiskussionen am Ende des 20. Jahrhunderts. Aufgrund der Fülle beispielhafter Texte entsteht ein anschauliches Bild der Entwicklung der Ethik, aber auch der eigentümlichen Gegenwärtigkeit der vergangenen Denkansätze.

MacIntyre, A., Geschichte der Ethik im Überblick: vom Zeitalter Homers bis zum 20. Jahrhundert, 3. Aufl., Weinheim 1995 (amerikanische Originalausgabe 1966). – MacIntyre behandelt ausführlich Platon und Aristoteles sowie die englischen, französischen und deutschen Denker der Neuzeit und Moderne, während das Mittelalter und das 20. Jahrhundert recht kurz wegkommen. Er scheut nicht die systematische Auseinandersetzung, die durchweg anregend ist, wobei seine eigene (»kommunitaristische«) Perspektive deutlich wird.

Pfürtner, S., Lührmann, D., Ritter, A. M., Ethik in der europäischen Geschichte, Bd. 1: Antike und Mittelalter, Bd. 2: Reformation und Neuzeit, Stuttgart 1988. – Diese Schrift ist an ethischen Paradigmen orientiert. Aktuelle Bezüge, geschichtliche Verortungen, wirkungsgeschichtliche Verweise und systematische Erörterungen durchdringen sich auf fruchtbare Weise.

Pieper, A. (Hg.), Geschichte der neueren Ethik, Bd. 1: Neuzeit, Bd. 2: Gegenwart, Tübingen und Basel 1992. – Die Darstellung dieses Handbuchs ist nach Typen von Ethiktheorien gegliedert, worunter zumeist Ansätze mehrerer Philosophen zusammengefasst werden (moralistische Ethik, metaphysische Ethik, Vertragsethik und so weiter). Es handelt sich weniger um einen Überblick über die historische Entwicklung der neueren Ethik als vielmehr um die anspruchsvoll-systematische Darstellung und Erörterung von Methoden und Argumentationsstrategien.

Rohls, J., Geschichte der Ethik, 2. Aufl., Tübingen 1999. – Dieses umfangreiche Werk berücksichtigt nicht nur die allgemein bekannten Namen der Ethikgeschichte, sondern auch die weit größere Zahl der weniger bekannten, aber für die genauere Analyse der historischen Zusammenhänge wichtigen Autoren. Systematisch-kritische Überlegungen treten zugunsten der Verarbeitung einer immensen Stofffülle zurück, wobei ein gewisser Vollständigkeitsanspruch nicht zu übersehen ist. Nachteilig ist der Verzicht auf jegliche Nachweise der Quellentexte.

Wyller, T., Geschichte der Ethik. Eine systematische Einführung, Paderborn 2002 (norwegische Originalausgabe 1996). – Das Konzept dieses Buches besteht in der Verbindung von Historik und Systematik. Hervorgehoben werden wichtige geschichtlich wiederkehrende Fragestellungen wie die nach dem Verhältnis von Freiheit und moralischer Verpflichtung. Die systematischen Auseinandersetzungen sind verständlich dargestellt.

Schlüsselbegriffe

Agnostizismus   Lehre von der Unerkennbarkeit des wahren Seins.

Animismus   Auffassung von der Beseeltheit der gesamten Natur.

Anthropologie   hier: Lehre vom Menschen, Deutung des menschlichen Daseins, sei es in philosophischer, sei es in naturwissenschaftlicher Perspektive.

Aporie   Ausweglosigkeit, Widersprüchlichkeit, Unmöglichkeit, ein Problem zu lösen, wobei diese Schwierigkeit nicht aus Denkfehlern, sondern aus fraglichen begrifflichen Strukturen oder Gegensätzen in der Sache selbst resultiert.

Archaisch   uranfänglich, hier im Sinn von vorgeschichtlich, vorhochkulturell.

Aufklärung   eine kulturelle Strömung, in der politische und religiöse Autoritäten und weltanschauliche Traditionen zugunsten von vernunftgeleiteter Selbstbestimmung infrage gestellt werden; als historisch-spezifischer Epochenbegriff ist mit dem »Zeitalter der Aufklärung« das 18. Jahrhundert gemeint, wobei allerdings wichtige Vorläufer bereits im 16. und 17. Jahrhundert liegen.

Autonomie   Eigengesetzlichkeit, ethische Selbstbestimmung.

Deontologie   Lehre vom Sollen; eine Form der Ethik, die die Moralität einer Handlung nicht an deren Folgen bemisst, sondern daran, ob das handelnde Subjekt um der Pflicht willen handelt.

Dialektik   mehrdeutiger Begriff, hier: die innere Gesetzmäßigkeit einer in sich widersprüchlichen Entwicklung.

Egoismus, ethischer   Auffassung, nach der der Mensch unter allen Umständen nicht anders als eigennützig handeln kann und soll.

Emotivismus eine Auffassung, nach der moralische Urteile in erster Linie subjektive Gefühle ausdrücken und deshalb weder wahr noch falsch (im Sinne von Tatsachenbehauptungen) sein können.

Empirisch durch sinnliche Wahrnehmung und Erfahrung erkennbar.

Empirismus die Ansicht, dass alle Erkenntnis und Moral aus Sinneserfahrung abzuleiten sei.

Entelechie bei Aristoteles ein aktives Prinzip der Verwirklichung und Vollendung eines Seienden gemäß einem ihm innewohnenden Ziel.

Eros für den späten Freud einer der beiden Grundtriebe des Menschen (neben dem Todestrieb).

Ethik Nachdenken über Moral; Begründung, Rechtfertigung und Kritik ihrer Begriffe und Prinzipien; Systematisierung zu einer Theorie der Moral; Philosophie der Moral. Während in der antiken und mittelalterlichen Ethik die Frage nach dem wahren Glück im Zentrum steht, fokussiert die neuzeitliche Ethik eher die moralischen Pflichten als Begrenzungen der Einzelinteressen.

Eudämonismus eine Form der Ethik, in der das Glück als Motiv und Ziel allen Strebens betrachtet und gerechtfertigt wird.

Existenzialismus Weiterführung der Existenzphilosophie durch Sartre; im Mittelpunkt steht hier die Fähigkeit und Freiheit des Menschen, sich zu dem zu machen, was er ist.

Gesellschaftsvertrag sozialphilosophisches Theoriekonstrukt, bei dem eine gesellschaftliche Ordnung auf der Grundlage eines hypothetischen Vertrags der Gesellschaftsmitglieder miteinander konzipiert wird.

Hedonismus eine Form der Ethik, die die Lust und den Genuss als Motiv allen Handelns propagiert und das sittliche Handeln mit dem wahren Genießenkönnen gleichsetzt.

Hypothetisch Eine Behauptung ist dann hypothetisch gültig, wenn sie von der Geltung einer anderen Behauptung abhängt.

Hypothetischer Imperativ ein Sollen, das unter der Voraussetzung gilt, dass der Adressat bestimmte Bedürfnisse befriedigen will: Wenn du x willst, dann sollst du y tun.

Idee eigentlich: sichtbare Gestalt; bei Platon: metaphysische Wesenheiten der Dinge, das heißt ewig und unveränderlich existierende Urbilder der Dinge, während diese selbst unvollkommene Abbilder der Ideen sind.

Immanente Kritik philosophisches Verfahren der Kritik, bei dem die innere Unstimmigkeit der zu kritisierenden Annahmen aufgezeigt wird, ohne auf zusätzliche Erkenntnisse zurückgreifen zu müssen.

Institutionalismus in der Metaethik die Auffassung, dass moralische Aussagen Beschreibungen von institutionellen (sozialen) Tatsachen sind, wobei diese sowohl natürliche als auch normative Aspekte haben.

Intelligibel nur mittels des Intellekts erfassbar.

Intuitionismus Lehre von der Intuition als wesentlicher Erkenntnisquelle; in der Metaethik die Auffassung, dass die Moralprinzipien weder durch Erfahrung noch durch Vernunft, sondern selbstevident gegeben sind.

Kalkül ein formales Regelsystem, mit dessen Hilfe in einem geschlossenen Handlungsraum Handlungen beschrieben und bewertet werden können.

Kategorischer Imperativ Kants Formulierung des fundamentalen Grundsatzes der Moral, dessen wichtigste Aspekte die Achtung der moralischen Pflicht und die Universalisierbarkeit eines Handlungsgrundsatzes sind. Der kategorische Imperativ gilt unbedingt, das heißt nicht abhängig von bestimmten Interessen des Adressaten eines moralischen Gebots.

Klasse bei Marx die Gesellschaft bestimmende sozioökonomische Gruppierung; es gibt demnach letztlich nur zwei Klassen, die Klasse der Ausgebeuteten und die der Ausbeuter.

Kognitivismus in der Metaethik die Auffassung, dass moralische Aussagen denselben Status wie solche Aussagen haben, mit denen wir Erkenntnisse über die objektive Welt ausdrücken, das heißt wahr oder falsch sein können.

Kosmologie in der antiken und mittelalterlichen Philosophie derjenige Teil der Metaphysik, der sich mit den Grundstrukturen des Weltganzen befasst.

Legalität Gesetzlichkeit; bei Kant die Eigenschaft eines Verhaltens, das nur äußerlich einer moralischen Norm (einem »Gesetz«) folgt.

Materialismus Auffassung, nach der das Materielle die Substanz aller Wirklichkeit, also auch des Seelischen und Geistigen, darstellt.

Mechanistisch ist eine Haltung, wenn die Welt und nicht zuletzt die belebte Natur nach dem Modell einer Maschine verstanden wird.

Metaethik Untersuchung der Sprache der Moral und der Ethik. Sie analysiert wertfrei die Bedeutung von moralischen Wertungen sowie ethischen Theoremen und Argumentationen.

Metaphysik seit Aristoteles die Lehre von den Fundamentalbedingungen alles Seienden, also vom Urgrund des Seins, der den konkreten Naturdingen zugrunde liegt. Hauptgegenstände der klassischen Metaphysik sind »Sein«, »Welt«, »Mensch« und »Gott«.

Monismus eine Position, nach der der Wirklichkeit ein einziges Prinzip zugrunde liegt.

Moral die im Alltagsleben eingespielten, teils bewussten, teils unbewusst wirksamen Normen und Werte, mit deren Hilfe sich die Menschen in ihrem Handeln und Empfinden orientieren. Moral im weiteren Sinn hat es mit Vorstellungen eines gelungenen Lebens zu tun, Moral im engeren Sinn regelt den Ausgleich sich widerstreitender Interessen.

Moralität Sittlichkeit; bei Kant die Eigenschaft eines Verhaltens, das der inneren Bejahung der moralischen Pflicht entspringt.

Mythos Erzählung von Helden und Göttern, auch zu deuten als symbolische Darstellung ethischer Probleme.

Naturalismus   die Ableitung allen Geschehens aus Naturtatsachen.

Naturalistischer Fehlschluss   seit Moore in der Metaethik die Bezeichnung für eine unzulässige Gleichsetzung von Moralischem und Natürlichem; die semantische Form des naturalistischen Fehlschlusses besteht darin, moralische mittels natürlicher Ausdrücke zu definieren, die logische Form des naturalistischen Fehlschlusses besteht in der Ableitung von Sollensaussagen aus Seinsaussagen.

Nihilismus   in theoretischer Hinsicht die Verneinung der Erkennbarkeit des Seins, in ethischer Hinsicht die Verneinung der Verbindlichkeit von Werten und Normen.

Nonkognitivismus   in der Metaethik die Auffassung, dass moralische Aussagen weder wahr noch unwahr sind.

Normativ   ist eine Aussage dann, wenn sie auf eine moralische Norm Bezug nimmt. Während normative Aussagen werten, sind deskriptive (beschreibende) Aussagen ihrem unmittelbaren Sinn nach wertfrei.

Normative Ethik   ein Haupttypus der Ethik, dem es um die Begründung moralischer Geltungsansprüche und Normen geht.

Objekt   das, was einem handelnden oder denkenden Subjekt als Teil der Wirklichkeit gegenübersteht.

Ontologie   derjenige Bereich der Metaphysik, in dem es um das »Sein« als Grundlage der seienden Dinge geht.

Optimismus   Gefühlsstimmung oder auch metaphysische Lebensauffassung, der zufolge die Welt die beste aller möglichen ist und ihre Entwicklung zum Besseren fortschreitet.

Pessimismus   Gefühlsstimmung oder auch metaphysische Lebensauffassung, der zufolge die Welt die schlechteste aller möglichen ist und ihre Entwicklung zum Schlechteren fortschreitet.

Praktisch   in einem weiteren Sinn: auf das Handeln bezogen; in einem engeren Sinn: das Handeln ethisch oder moralisch bestimmend.

Präskriptivismus in der Metaethik die Auffassung, dass moralische Aussagen an andere gerichtete Empfehlungen und Vorschriften sind.

Puritanismus eine Form des rigorosen Protestantismus in England seit dem 16. Jahrhundert. Der Name entstand durch den Kampf um die Reinigung der anglikanischen Staatskirche von den Einflüssen der römisch-katholischen Kirche. Ursprünglich wurde der Begriff »Puritaner« oder »Rigorist« als Spottname für kritische und reformwillige Geistliche verwendet.

Rationalismus eine philosophische Richtung, die die Vernunft in den Mittelpunkt ihrer Betrachtungen stellt; nicht zuletzt die Aufklärung verfährt rationalistisch, insofern sie gegen Autorität und Tradition auf Vernunftgründe setzt.

Realismus in der Ethik die Annahme, dass moralische Normen und Werte ebenso real und entsprechend erkennbar sind wie natürliche Gegenstände.

Relativismus Reduktion einer Behauptung auf einen sie bedingenden persönlichen, sozialen oder geschichtlichen Standort.

Säkularisierung Verweltlichung, Außerkraftsetzung religiöser Annahmen.

Semantik Lehre von den Bedeutungen, das heißt den Beziehungen zwischen Wörtern oder Sätzen und dem durch sie Bezeichneten.

Skepsis Zweifel; der Skeptiker erhebt den Zweifel an der sicheren Erkennbarkeit der Welt zum Prinzip seines Denkens.

Sophisten eigentlich: Kenner, Meister; im klassischen Griechenland verstand man darunter Lehrer der juristischen und politischen Redekunst und der Philosophie, die gegen Bezahlung unterrichteten. Ihr gesellschaftliches Ansehen war sehr unterschiedlich (von »Weise« bis »Rechtsverdreher«), Platon kritisierte sie als unredliche Denker. In der Neuzeit wurden sie von Hegel und Nietzsche partiell als frühe Aufklärer rehabilitiert.

Stoiker Vertreter der »Stoa«, einer philosophischen Strömung, die seit dem 3. Jahrhundert v. Chr. in Griechenland und später im Römischen Reich weit verbreitet war. Die Stoiker setzten das Moralische mit dem wohlverstandenen Selbstinteresse gleich. Ihr ethisches Ideal war der innere Seelenfrieden, der durch den vernunftgeleiteten Zustand der Affektlosigkeit (»Apathia«) erreicht werden soll.

Subjekt die Einheit des erlebenden und handelnden Ich, das einem Objekt als Teil der Wirklichkeit gegenübersteht.

Todestrieb für den späten Freud einer der beiden Grundtriebe des Menschen (neben dem Eros).

Tragödie theatralische Gestaltung einer Verstrickung, in der der Mensch einerseits als frei und schuldfähig erscheint, andererseits als schicksalhaften Mächten ausgeliefert. Sie stellt eine vorphilosophische Entfaltung ethischer Probleme im Medium des Szenisch-Bildhaften dar.

Tugend ein ethischer Persönlichkeitswert, eine Vortrefflichkeit. Aristoteles unterscheidet »ethische« Tugenden (des Willens und Charakters) von dianoetischen Tugenden (des Verstandes).

Universalistisch ist eine Ethik dann, wenn sie grundsätzlich für alle Menschen kultur- und zeitunabhängig Geltung beansprucht.

Utilitarismus in der Ethik die Gleichsetzung des moralisch Richtigen mit dem Nützlichen für den oder die von einer Handlung Betroffenen.

Wesen mehrdeutiger Begriff, hier verwendet im Sinne des eigentlichen Seins (im Gegensatz zum Schein) und des einer Klasse von Gegenständen Gemeinsamen.

Zeittafel

Diese Aufstellung enthält zeitliche Angaben zu den hier hauptsächlich behandelten Autoren und zitierten Primärquellen. Nicht berücksichtigt sind die in den jeweiligen Kapiteln ebenfalls erwähnten späteren Bezugnahmen anderer Autoren.

Ende 8. Jh. v. Chr.	Homer	
497/96–405	Sophokles	
	442 o. 441	*Antigone*
ca. 485–415	Protagoras	
ca. 469–399	Sokrates	
ca. 427–347	Platon	
	nach 399	*Eutyphron*
	nach 399	*Kriton*
	ca. 375/70	*Der Staat*
	um 355	*Der Siebente Brief*
	vor 347	*Phaidon*
	347	*Die Gesetze*
ca. 384–322	Aristoteles	
	um 330	*Nikomachische Ethik*
354–430 n. Chr.	Aurelius Augustinus	
	um 400	*Bekenntnisse*
	413–426	*Vom Gottesstaat*
1588–1679	Thomas Hobbes	
	1651	*Leviathan*
1632–1704	John Locke	
ca. 1670–1733	Bernard Mandeville	
	1714	*Die Bienenfabel, oder: Private Laster, öffentliche Vorteile*
1671–1713	Anthony Ashley Cooper, Third Earl of Shaftesbury	

1692–1752	Joseph Butler
1694–1746	Francis Hutcheson
	1725 *Über den Ursprung unserer Ideen von Schönheit und Tugend*
1710–1796	Thomas Reid
1711–1776	David Hume
	1739/40 *Ein Traktat über die menschliche Natur*
	1751 *Eine Untersuchung über die Prinzipien der Moral*
1748–1832	Jeremy Bentham
	1789 *Eine Einführung in die Prinzipien der Moral und der Gesetzgebung*
1724–1804	Immanuel Kant
	1785 *Grundlegung zur Metaphysik der Sitten*
1788–1860	Arthur Schopenhauer
	1819 *Die Welt als Wille und Vorstellung, Bd. 1*
	1841 *Über die Grundlage der Moral*
	1844 *Die Welt als Wille und Vorstellung, Bd. 2*
1818–1883	Karl Marx
	1844 *Zur Kritik der Hegelschen Rechtsphilosophie. Einleitung*
	1844 (mit Friedrich Engels) *Die Deutsche Ideologie*
	1867 *Das Kapital, Bd. 1*
1844–1900	Friedrich Nietzsche
	1886 *Jenseits von Gut und Böse*
1856–1939	Sigmund Freud
	1915 *Bemerkungen über die Übertragungsliebe*
	1923 *Das Ich und das Es*
	1930 *Das Unbehagen in der Kultur*

1873–1958	George E. Moore
	1903 *Principia Ethica*
1908–1979	Charles Leslie Stevenson
1910–1989	Alfred Jules Ayer
1919–2002	Richard Mervyn Hare
	1952 *Die Sprache der Moral*
1932 geb.	John Rogers Searle
	1969 *Sprechakte*